Diplom Deutsch in Japan

# 独検

上級ドイツ語への
ステップ・アップ

## 準1級

## 合格講座

獨協大学独検対策講座 編　矢羽々崇／山路朝彦／山本淳／渡部重美 著

SANSHUSHA

# ● トラック対応表 ●

| Track | | ページ |
|---|---|---|
| **Disc 1** | | |
| | 第2章　読解編 | |
| 1 | 読みのための作戦 | 34 |
| 2 | 文法のまとめ・1 | 39 |
| 3 | 文法のまとめ・2 | 41 |
| 4 | 文法のまとめ・3 | 45 |
| 5 | 練習問題1 | 48 |
| 6 | 練習問題2 | 49 |
| 7 | 練習問題3 | 50 |
| 8 | 練習問題4 | 51 |
| 9 | 練習問題5 | 51 |
| 10 | 練習問題6 | 52 |
| 11 | 練習問題7 | 54 |
| 12 | 長文問題1 | 55 |
| 13 | 長文問題2 | 57 |
| 14 | 長文問題3 | 59 |
| 15 | 長文問題4 | 61 |
| 16 | 長文問題5 | 64 |
| | 第3章　聞き取り編 | |
| 17 | 聞き取り練習 | 69 |
| 18 | 聞き取り練習1 | 72 |
| 19 | 聞き取り練習2 | 73 |
| 20 | 聞き取り練習3 | 74 |
| 21 | 聞き取り練習4 | 75 |
| 22 | 全体の論旨や意図ははじめに語られる | 76 |
| 23 | 質問に対応する箇所を探す | 77 |

| Track | | ページ |
|---|---|---|
| 24 | Frage | 77 |
| 25 | 文化背景も大切 | 78 |
| 26 | 聞き取り練習問題第1部 | 81, 83 |
| 27 | 聞き取り練習問題第2部 | 82, 86 |
| | 第4章　口述試験編 | |
| 28 | (1) Gesprächsbeginn | 93 |
| 29 | (2) Bildbeschreibung | 93 |
| 30 | (3) Allgemeine Fragen | 94 |
| 31 | 聞き返すための表現 | 95 |
| **Disc 2** | | |
| | 第5章　模擬試験編 | |
| 1 | 模擬試験（1）4 | 102 |
| 2 | 模擬試験（1）5 | 104 |
| 3 | 模擬試験（1）6 | 105 |
| 4 | 模擬試験（1）7 | 107 |
| 5 | 模擬試験（1）聞き取り問題第1部 | 109, 120 |
| 6 | 模擬試験（1）聞き取り問題第2部 | 110, 122 |
| 7 | 模擬試験（2）4 | 127 |
| 8 | 模擬試験（2）5 | 129 |
| 9 | 模擬試験（2）6 | 130 |
| 10 | 模擬試験（2）7 | 132 |
| 11 | 模擬試験（2）聞き取り問題第1部 | 134, 143 |
| 12 | 模擬試験（2）聞き取り問題第2部 | 135, 145 |

本書のCDには **CD** マークが付いている箇所が吹き込まれています。聞き取り練習以外の長文も収録しました。聞き取り試験対策はもとより，ディクタート（書き取り）練習などにも活用して，ドイツ語力の向上に役立ててください。

◆本書は，**財団法人ドイツ語学文学振興会**の許諾による出版物である。

## まえがき

『独検合格講座』シリーズは，獨協大学外国語学部ドイツ語学科および同外国語教育研究所主催の「独検（ドイツ語技能検定試験）対策講座」を母胎として生まれました。本書はそのうちの1冊で，「独検」準1級受験レベルの学習者，あるいはドイツ語の初歩を終え，これから中級へ，さらに上級のレベルへと力を伸ばしていきたいと考えている学習者を対象として書かれています。

『独検合格講座』シリーズの目的は，単に試験に合格するためのテクニックを伝えることだけにあるのではありません。むろん本シリーズは，そのタイトルが示すように，なによりもまず「独検」合格をその具体的な目標としていますが，それと同時に，いやそれ以上に私たちは，学習者のみなさんにそれぞれのレベルに応じたドイツ語学習のノウハウを身につけていただきたいと考えているのです。その意味で，試験対策として文法や語彙などを詳しく扱うと同時に，「読む」訓練，「聞く」訓練等を通して，できるだけ日常的，今日的，実践的なドイツ語力を習得できるよう内容や構成に配慮しています。語学の上達のためには，正確さと同時に，大胆さも必要です。辞書に頼りながら一歩一歩進む練習をする一方で，次第に辞書から離れ，「辞書なしでなんとかやっていく」力を身につけること，これも本シリーズの大切な目標の一つです。

本シリーズには，すべて付属 CD が付いています。聞き取りに不安を感じている方は，この CD を何度も聞くことでネイティヴ・スピーカーの話すドイツ語の響きにぜひ耳を慣らして下さい。テクスト部分の朗読だけでなく，聞き取りのコツを身につけられるような練習問題も多く設けられていますから，もちろん「独検」の聞き取り問題対策としても大いに役立つと思います。

本シリーズが，「独検」合格を目指しているドイツ語学習者のみなさんやドイツ語の世界のおもしろさをもっともっと知りたいと考えていらっしゃるみなさんにとって，よきパートナーとなることを著者一同心から願っております。本シリーズを通して，少しでもみなさんの勉強のお手伝いができるとしたら，これにまさる喜びはありません。

最後に，本シリーズの企画・製作にあたり，つねに私たちを支え続けて下さった獨協大学の元木芳子さんと三修社編集部の菊池暁さんに，この場を借りて厚くお礼申し上げます。

著者一同

＊ 2008年度秋期試験より，試験の各級の名称とレベルが変更になりました。ただし，新たに設けられた準1級は，従来の2級と同等レベルの級として作成されています。したがって，本書では（旧）2級の過去問題も利用して執筆しています。

# 目次

INHALT

中・上級を目指す勉強法と
ドイツ語技能検定試験準1級について……………… 3

独検・準1級試験の概要……………………………… 7

第1章　文法・語彙編 …………………………………… 9

第2章　読解編 …………………………………………… 33

第3章　聞き取り編 ……………………………………… 67

第4章　口述試験編 ……………………………………… 89

第5章　模擬試験編 ……………………………………… 99

準1級　熟語集
機能動詞編 ……………………………………………… 148

比喩的なおもしろい表現編 ………………………… 153

体の部位を使った熟語編 …………………………… 158

## 中・上級を目指す勉強法とドイツ語技能検定試験準1級について

　本書は，単なる「対策本」にとどまらず，中・上級ドイツ語への橋渡しの役割を果たそうともしています。そもそも過去の準1級（および旧2級）の問題を振り返ってみると，そこではかなり高度のドイツ語運用能力が要求されており，付け焼き刃の対策では歯が立たないことが分かります。もちろんそこにはある程度の傾向があり，それに対するある程度の対策を立てることはできます。しかし年によっては，かなり傾向が変わることもあり（出題者の好みも反映しているのでしょうか？），やはり目先の事柄ばかりにとらわれず，総合的なドイツ語力を身につけていくことが，遠いようで一番の合格への近道のように思われます。

　そこで「独検」準1級を意識した具体的な練習を始める前に，ここではもっと一般的に，中・上級ドイツ語へステップ・アップするための勉強方法について，いくつかポイントを挙げてみましょう。

## 「読む」

### ●語彙力/構文把握力を養成する

　基本的な文法事項の学習を一通り終え，基本的な単語を身につけた後，そのドイツ語力をさらに上の段階へと発展させようとする場合，やはり問題となってくるのは語彙力と構文を把握する力です。

　それらを身につけるための方法はさまざまですが，やはり基本となるのは，できるだけたくさんのドイツ語テキストを「読む」ことです。

　もちろん「読む」ことだけがドイツ語の勉強ではありませんし，「聞く」「書く」「話す」という要素も含んだ総合的なドイツ語運用能力の養成が図られなければなりません。しかし，日常会話のレベルを超えて何かを聞いたり，書いたり，話したりしようとする場合，いかにたくさんのドイツ語テキストを読んでいるかが，大きくものをいいます。

　「読む」ための素材は，比較的手に入れやすいですし，また「独検」のことを考えれば，長文問題の占める割合が圧倒的に大きいわけですから，たくさんのドイツ語テキストを読むことが，そのまま試験対策にもなるわけです。

### ●アクチュアルな長文テクストを読む

　語彙力の拡充のためには，やはり普段からドイツ語で書かれたさまざまなテクストに触れておくことが必要です。自分なりに目標を決めて，毎日一定量（あまり無理をせず，たとえば一日1ページでも2ページでもかまわないのです。大切なのは習慣にすることです）のドイツ語テキストに触れるようにしましょう。

　「独検」の1級や準1級を念頭に置けば，やはり時事問題・社会問題・環境問題

などが取り上げられることが多いので，そういったアクチュアルなテクストに重点を置いて読むとよいでしょう．具体的には：

   Die Welt, Die Süddeutsche Zeitung などの新聞
   Der Spiegel, Focus などの雑誌の記事

が考えられます．これらは，大学などの大きな図書館に置いてありますし，また少々高いですが，大きな書店で購入することもできます．また最近では，インターネット上で読むこともできます．雑誌などの記事は，HP上では短縮されているので，読みやすいことがよくあります．またゲーテ・インスティトゥートには，ドイツ語学習者向けのページもありますので，ぜひ覗いてみてください．

   http://www.sueddeutsche.de （『南ドイツ新聞』）
   http://www.spiegel.de （『シュピーゲル』）
   http://www.focus.de （『フォークス』）
   http://www.goethe.de （ゲーテ・インスティトゥート）

 また，外国に向けドイツに関する多角的，総合的な情報を発信している雑誌 Magazin Deutschland のインターネット版は，日独両言語で発行されています．両者を見比べながら，さまざまな分野のアクチュアルな記事を読むのは楽しく，また勉強方法としても有効です．

   http://www.magazin-deutschland.de/de/ （『ドイチュラント』ドイツ語版）
   http://www.magazin-deutschland.de/jp/ （『ドイチュラント』日本語版）

● 時間を区切り，まず辞書を使わずに読む

 テクストを読む際には，時間を区切り，まずは辞書を使わずに，要点を読み取る練習をしましょう．始めから辞書を使って読んでしまうと，時間もかかりますし，またなによりも文脈や派生語等の助けを借りながら，自分で分からない単語の意味を想像する力を養うことができません．辞書はその後で，決定的に分からない部分の意味を調べたり，あるいは不確かな事柄を確認し定着させるために使うようにしましょう．

 しかし熟語や慣用句，前置詞，機能動詞などの中には，想像力ではどうしようもなく，やはり「覚えるしかない」ものもありますから，それはそれで割り切って，一つ一つ覚えていきましょう．

● 独独辞典も使ってみる

 日本でドイツ語を勉強していると，どうしてもドイツ語を日本語に変換する作業が多くなりますが（それはそれで大切な勉強ですが），学習が進んでくると，だんだんドイツ語をドイツ語のまま理解する力，その習慣を身につけることが重要になってきます．また独和辞典だけではなく，少しずつ独独辞典の使い方にも慣れておきましょう．「独検」にも，ドイツ語による言い換えや説明の問題も多く出されますから，これはその対策にもなります．手ごろな独独辞典としては：

Der DUDEN in 12 Bänden のうちの Bedeutungswörterbuch (Band 10)
　　　Duden / Hueber Wörterbuch DaF. Grund-und Mittelstufe (Duden / Hueber)
　　　Langenscheidts großes Wörterbuch Deutsch als Fremdsprache (Langenscheidt)
が挙げられます。

●文法の復習は，まずはいちど短期集中的に，あとはそのつど

　構文の把握力養成のためには，やはり文法に関する知識が重要となってきます。本書で勉強なさろうとしていらっしゃる皆さんは，一通りの文法事項の学習をすでに済ませていらっしゃることと思いますが，もし基本的なことで不安をお感じになるようでしたら，一度短期集中的に整理してしまいましょう。あとは疑問が出てきたときに，そのつど確認すればよいと思います。そういう場合に役立つコンパクトな参考書として：

　　　中島悠爾，平尾浩三，朝倉巧共著：『必携ドイツ文法総まとめ』（白水社）
　　　岡田公夫，清野智昭共著：『基礎ドイツ語文法ハンドブック』（三修社）
　　　清野智昭著：『中級ドイツ語のしくみ』（白水社）
があります。

## 「聞く」

●ドイツ語を聞く習慣を身につける

　聞き取りは，たとえば自転車の練習と同様，なんと言ってもやはり「慣れること」が重要です。そのために毎日少しずつでもドイツ語を聞く習慣を身につけましょう。本書のCD以外に比較的容易に生のドイツ語に触れられるものとしては：

　　　NHK衛星第1で放送している ZDF の heute（ニュース番組）
　　　短波放送ラジオの Die Deutsche Welle
　これらのニュース内容は，インターネット上で聞いたり，読むこともできます。
　　　　http://www.heute.t-online.de/ZDFheute
　　　　http://www.dw-world.de/german
特に後者のドイチェ・ヴェレのホームページでメニューバーの DEUTSCH LERNEN をクリックすると，langsam gesprochene Nachrichten（ゆっくり話されたニュース）の記事があります。そこに入っていくと，ゆっくりと読み上げられたニュースを聞き，トランスクリプションを見ることもできますので，時事語彙を拾ったり，ニュースなどの表現に慣れるのには最適です。

●集中して，必要な情報を聞き取る

　聞き取りの際には，ただ漫然と音を流すのではなく，大切なポイントが何であるのかに注意しながら，意識的に必要な情報を聞き取るよう努めて下さい。受動的に音をただ追いかけるのではなく，自分の持っている情報を総動員して，何を言おうとして

いるのかを先に予想しながら、攻めるような積極的な聞き取りを心がけましょう。

たとえば「独検」では、音声が流される前に、「解答の手引き」の中に書かれた試験の進め方についての説明と、ドイツ語の選択肢等を読む時間が5分間あります。その間に何を聞き取ればいいのかを考え、音声が流されてからは、自分のほうから情報を聞き取ってやろうという気持ちで耳を傾けて下さい。

## 「話す」

### ●生のドイツ語に触れる機会をつくる

身近にいるネイティヴ・スピーカーとできるだけ多く話す機会を持つというのが理想ですが、そうでない場合：
　　　1）対話形式の練習が多い音声教材を使う
　　　2）ドイツ語を学習している仲間と、ドイツ語で話す
　　　3）自分ひとりでも、いろいろなことをドイツ語で表現してみる
などの練習方法が考えられます。

また、単なる会話のレベルを超えて、「話す」という行為を実践的・戦略的な行為としてとらえ、そのコンセプトにのっとって多くの練習問題を提供してくれる参考書として：
　　　三宅恭子、ミヒャエラ・コッホ共著：『ドイツ語スピーキング』（三修社）
　　　ヤン・ヒレスハイム著、金子みゆき訳：『口が覚えるドイツ語　スピーキング体得トレーニング』（三修社）
　　　中山　純著：『コレクション・ドイツ語3「話す」』（白水社）
があります。

## 「書く」

### ●日記をつける／手紙を書く

総合的なドイツ語力を身につけようとする場合、やはり「書く」という作業も重要です。具体的には、毎日少しずつでいいですからドイツ語で日記をつけたり、あるいはドイツ語圏の人たちと文通をしたり、メールを交換するという方法も考えられます。その場合、決して日本語をドイツ語に置き換えるというやり方ではなく、それまでに習った表現を使い、はじめからドイツ語で書くように心がけて下さい。それは「ドイツ語で考える」練習にもなるからです。

とりわけドイツ語で手紙を書く練習は、ドイツ語力をさらに上の段階へと発展させていく際に重要なものとなってきます。たとえばゲーテ・インスティトゥートが実施している検定試験の多くでは、「読む」「聞く」「書く」「話す」というすべての要素について試験が行われますが、「書く」という要素に関しては、「ある与えられ

た状況のもとで，手紙を書く」というのが，しばしば試験の内容となっています。
　ドイツ語の手紙は，形式もしっかり決まっていますし，そういったこともあわせて勉強する際に役立つ参考書としては：
　　　　マイコ・ラインデル著，久保川尚子訳：
　　　　　『手紙・メールのドイツ語』（三修社）
　　　　古池　好，H・ゲートケ共著：
　　　　　『ドイツ語手紙のハンドブック』（同学社）
　　　　宮内敬太郎著：『ドイツ語の手紙（改訂新版）』（白水社）
　　　　トーマス・シュタール，倉田勇治共著：
　　　　　『Eメールのドイツ語』（白水社）
などが挙げられます。

### 「補足」

● **日本の新聞や雑誌にもよく目を通しておく**

　案外盲点になることですが，日本の新聞・雑誌にもよく目を通して，時事問題に関する情報を身につけておくことが重要です。そのテーマに関し，背景となる知識があるかないかで，テクストの理解が大きく違ってきます。ドイツ語で書かれたテクストでも，そのテーマについて前もってよく知っていれば，それだけわかりやすく（聞きやすく）なるのは当然です。背景となる知識も，テクスト理解のための一つの大切な道具となるのです。

## 独検・準1級試験の概要

### ＜審査基準＞

　ドイツ語技能検定試験の主催者，財団法人ドイツ語学文学振興会が，以下のような「準1級審査基準」を公表していますので，まず見ておきましょう。

■ ドイツ語圏の国々における生活に対応できる標準的なドイツ語を十分に身につけている。

■ 新聞などの比較的複雑な記事や論述文などを読むことができる。
　自分の体験などについて詳しく話し，社会的・実用的なテーマについて口頭で自分の考えを述べることができる。
　比較的長い文章の要点を聞き取り，短いドイツ語の文章を正しく書くことができる。

■ 対象は，ドイツ語の授業を数年以上にわたって継続的に受講し，各自の活動領域においてドイツ語に習熟しているか，これと同じ程度の能力のある人。

## <試験形式・内容>

次に，試験がどのような形式で行われ，その内容がどのようなものであるかを見てみましょう。

### ●一次試験●

**筆記（約90分）**

・文法や語彙に関する選択あるいは空所補充問題（3題程度）
　語義説明，慣用句・熟語，派生語・類義語，前置詞，機能動詞　など
　最近は派生語を筆記させる問題が出されています。
・長文問題（3～4題）
　空所補充，ドイツ語による言い換え，内容把握　など

**聞き取り（約35分）**

ここ数年，次のような形式で出題されています。

**第1部**

・ドイツ語の文章を聞いて，内容に即した文を選んだり，質問に対して，最も適当なものを選択肢から選ぶ問題

**第2部**

・ドイツ語の文章を聞き，その内容についての質問に対し最も適当な答えを選択肢から選ぶ問題

＊聞き取り試験には，ドイツ語を母語とする人の音声を吹き込んだCDなどを使用します。

### ●二次試験●

・ドイツ語を母語とする人および日本人による面接試験（約7分）
　ドイツ語での質問にドイツ語で答えます。名前，職業に関する質問から始まって，まずはドイツ語の学習歴・学習目的，家族，趣味等について尋ねられます。さらに，写真や図表を用いて描写させたり，説明させるという課題が与えられ，関連するテーマに関して意見を求められます。

＊最終合否は一次・二次試験の総合評価によって判定されます。

## <問い合わせ先>

公益財団法人　ドイツ語学文学振興会　独検事務局
〒112-0012　東京都文京区大塚5-11-7-101
TEL　03-5981-9715　　ホームページ（独検online）：https://www.dokken.or.jp/

# 第1章
# 文法・語彙編

語彙力をつけよう―――――― 10
　1 ◇ 単語表を作る―――――― 10
　2 ◇ 文法法則から体系的に―― 12
　3 ◇ 前置詞の機能―――――― 21
　4 ◇ 動詞の用法―――――――28

準1級の試験では，前置詞や動詞の用法について，また語彙力を確認するための問題などが必ず出ています。またことわざなども出題されていましたが，最近は次第に問題数が減っているようです。
　重点事項としては，「語彙力」「前置詞」と「動詞の用法」となります。

## 語彙力をつけよう

　言葉を覚えるには，ただ単語帳などを暗記するよりも，文脈のなかで覚えるほうが頭に定着します。文章で覚えればいいでしょうし，実際の生活にもコンテクストがあります。ドイツに行ったことがある人だと，日常生活で使う言葉はしっかり覚えています。例えば，kaputt（壊れた）などの繰り返し使われる言葉は，生活のコンテクスト（文脈）のなかで生きていますので，頭だけの知識としてではなく，身についたものになります。

　同様に，日本で学んでいても，言葉を文脈の中に設定して覚えやすくすることは可能です。一番いい方法は，ひたすらドイツ語の文章に触れる！こと。語学に楽勝コースはありません。一番回り道のようで，結局力になるのがこの方法かもしれません。でも…。これでは身もフタもありません。では実際の方法をいくつか。

### ① 単語表を作る

　文脈を自分なりに設定して，表にしましょう。単語帳としてただ覚えた順に並べるのではなく，あるテーマなどに沿って，関連する言葉を視覚化し，表にするのです。自分なりのイラストをそえるのもいい手です。

#### Ⓐ テーマごとに
鼻を例にして，テーマごとの単語表を作ってみましょう。

> **die Nase**（鼻）
> riechen (nach et³ riechen)（匂いを嗅ぐ，～の匂いがする）
> der Geruch（匂い）
> der Duft (duften)（香り，香りがする）
> der Gestank (stinken)（悪臭，悪い匂いがする）
> für et⁴ eine gute Nase haben（～に対して勘がいい，鼻が利く）
> von et³ die Nase (Schnauze) voll haben（～にうんざりしている）

第1章　文法・語彙編

## B　対義語をもとに

| | |
|---|---|
| **gesund**（健康な） | **krank**（病気の） |
| fit（元気な） | müde（疲れた）/ erschöpft（疲労困憊した） |
| es geht j³ (Wie geht es Ihnen?)（調子は〜である [お元気ですか？]） | |
| die Gesundheit（健康） | die Krankheit (die Erkältung, die Grippe, die Entzündung ...) |
| | （病気 [風邪, インフルエンザ, 炎症]） |
| genesen（回復する） | erkranken (an et³ erkranken)（病気になる） |
| | an et³ leiden（〜に苦しむ） |
| die Genesung（回復） | die Erkrankung（発病） |
| | sich erholen（休養する，回復する） die Erholung（休養） |
| | „Gute Besserung!"（「お大事に！」） |

**練習**　同じ要領で次の単語表の空欄を埋めてみよう。

| | |
|---|---|
| | **das Ohr**（耳） |
| ＿＿＿＿＿＿（聞く） | das Gehör（　　　　　） |
| rauschen（ざわざわいう） | das Geräusch（　　　　　） |
| klingen（　　　　　） | ＿＿＿＿＿＿（響き） |
| | ganz Ohr sein（　　　　　） |
| | seinen Ohren nicht trauen（自分の耳を疑う） |
| | ins Ohr gehen（耳に心地よい，耳になじむ） |

| | |
|---|---|
| **langweilig**（退屈な） | ＿＿＿＿＿＿（興味深い） |
| | amüsant（　　　　　） |
| | egal / gleichgültig（　　　　　） |
| ＿＿＿＿＿＿（退屈） | das Interesse an et³ (für et⁴)（　　　　　） |
| sich ＿＿＿＿＿＿（退屈する） | |
| Ich bin gelangweilt.（　　　　　） | |
| | sich für et⁴ ＿＿＿＿＿＿（〜に興味を持つ） |
| | Ich bin daran interessiert.（　　　　　） |

こうした単語表を自分なりに作って，語彙をドンドン増やしましょう！

解答

```
                    das Ohr（耳）
       hören         （聞く）      das Gehör（    聴覚    ）
    rauschen（ざわざわいう）        das Geräusch（    音    ）
    klingen（   響く   ）            der Klang    （響き）
               ganz Ohr sein（ 興味津々だ ）
               seinen Ohren nicht trauen（自分の耳を疑う）
               ins Ohr gehen（耳に心地よい，耳になじむ）
```

```
    langweilig（退屈な）           interessant     （興味深い）
                       amüsant（ おもしろい ）
                       egal / gleichgültig（どうでもよい）
      die Langweile    （退屈）   das Interesse an et³ (für et⁴)（ ～への興味 ）
    sich   langweilen    （退屈する）
    Ich bin gelangweilt.（私は退屈している）
                       sich für et⁴   interessieren    （～に興味を持つ）
                       Ich bin daran interessiert.（それに興味があります）
```

## ② 文法法則から体系的に

動詞などの前綴り，名詞化するための語尾の働きなどを覚えて，ある程度体系的に語彙を増やすことができます。

### Ⓐ 分離動詞の前綴り

分離動詞の前綴りは，比較的はっきりとした意味を持っています。ですから前綴りの具体的なイメージを思い浮かべると，その前綴りを持った分離動詞の意味が分かることも多いのです。

まずは初級レベルの動詞で確認しましょう。

● 入る ein，出る aus，変更の um
  ein|steigen — aus|steigen — um|steigen（乗車する・下車する・乗り換える）
  ein|ziehen — aus|ziehen — um|ziehen（入居する・転出する・引っ越す）

● 開ける auf，閉じる zu
  auf|machen — zu|machen（開ける・閉める）
  auf|sperren — zu|sperren（開ける・閉じる）

● 離れる（出発の）ab，接近する（到着の）an
  ab|fahren, ab|fliegen, ab|reisen（出発する）
  (die Abfahrt, der Abflug, die Abreise)

an|kommen（到着する）
(die Ankunft)

　ここに挙げたのはほんの一部にすぎません。では，主な分離の前綴りのおおよその意味を確認しましょう。

| ab | 離れる | durch | 通り抜けて | unter | 下へ |
|---|---|---|---|---|---|
| an | くっつく | ein | 中へ | vor | 前に |
| auf | 上へ | mit | 一緒の | weg | 無くする |
| auf | 開いて | nach | 後から（マネして） | zu | 閉める |
| aus | 外へ | um | 変更して | zu | 追加して |

　こうした前綴り本来の意味をもとにして比喩的な意味もでてきます。fallen を例にいくつか見てみましょう。

**ein|fallen**　（考えなどが）入ってくる　「思い浮かぶ」
　Mir ist eine gute Idee eingefallen.
　僕にいい考えが浮かんだよ。
**auf|fallen**　上に出ている　「目立つ」
　Mit seiner komischen Sonnenbrille fiel er sehr stark auf.
　変なサングラスのせいで彼はやたらと目立っていた。
**aus|fallen**　出ていって落ちる　「なくなる」（休講になる）
　Wegen der Erkältung des Lehrers fällt heute der Unterricht aus.
　先生が風邪を引いたので今日は授業はありません。
**zu|fallen**　加わるように落ちる　「（突然に）与えられる」（der Zufall: 偶然）
　Die Erbschaft ist ihm zugefallen.
　遺産は彼のものとなった。

**練習**　gehen を組み合わせてできる分離動詞に注目してみましょう。訳に合う分離の前綴りをカッコに入れてください。

(1) Der Koffer ist voll, er geht nicht (　　　).
　　トランクは一杯だ。閉まらない。
(2) Er ging früh morgens (　　　) und kam erst spät zurück.
　　彼は朝早く外出して遅くなってやっと帰ってきた。
(3) Erst nach der Ouvertüre ging der Vorhang (　　　).

序曲が終わって初めて幕が開いた。
(4) Es ist erst 8 Uhr. Deine Uhr geht (　　　).
今やっと8時だ。君の時計は進んでいる。
(5) Im Winter geht die Sonne schon um 4 Uhr (　　　).
冬にはもう4時に日が沈む。

**解答**
(1) zu (zu|gehen: 閉まる)
(2) aus (aus|gehen: 外出する)
(3) auf (auf|gehen: 上がる)
(4) vor (vor|gehen: 時計が進んでいる ↔ nach|gehen: 時計が遅れている)
(5) unter (unter|gehen: 沈む)

## B 非分離動詞の前綴り

　分離の前綴りに比べると，非分離の前綴りにはさまざまな意味があることが多いようです。それでも，ある程度前綴りから意味を推測できます。いくつかの代表的な例（ここでは be-, ver-, er-, zer-, ent- の主な意味）を挙げておきます。前綴りの持つ代表的な意味・機能を押さえておくだけでも，かなりの語彙力アップにつながります。

### ● be-

　非分離の前綴り be- には，多くの働きがありますが，その中のいくつかを取り上げてみましょう。
① 動詞を他動詞化する

　Der Schüler <u>antwortete</u> gleich <u>auf</u> die Frage des Lehrers.
　→ Der Schüler <u>beantwortete</u> gleich die Frage des Lehrers.
　　その生徒は，先生の質問にすぐ答えた。

antworten に前綴り be- を付けた beantworten は他動詞ですから，auf die Frage ... という前置詞付き目的語ではなく，4格目的語 die Frage ...をとることになります。ニュアンスとしては，他動詞表現が「実際にキチンと」答えたことを含んでいます。自動詞では，実際にその答えが正しく十分だったかは問題にしていません。これで，「～に答える」という意味のドイツ語表現がいっぺんに二つ手に入りました。独作文をしていて，同じ表現を繰り返したくないときにも，このような表現のヴァリエーションを豊富に持っていることは強味です。もう一つ例を挙げましょう。

　Kannst du <u>für</u> das Mittagessen <u>sorgen</u>?
　→ Kannst du das Mittagessen <u>besorgen</u>?
　　昼食の用意をしてくれますか。

「～を手に入れる，調達する」という意味が，sorgen für と besorgen で表現できます。ここでも，sorgen für には手に入れようとする動きに重点があり，besorgen では実際に手に入れる結果を意識した言い方になります。

もちろん，自動詞に前綴り be- を付ければいつでも同じ意味の他動詞が作れるとは限りません。それは，例えば kommen と bekommen の意味の違いを考えてみれば明らかでしょう。

② 名詞を動詞化する

Endlich ist ein bemanntes Raumschiff auf dem Mars gelandet.
ついに有人の宇宙船が火星に着陸した。

ein bemanntes Raumschiff とは何のことでしょうか？　まず，Raumschiff は「空間を移動する/飛ぶ船」，つまり「宇宙船」のことです。では，この「宇宙船」を修飾する bemannt という形容詞はどんな意味でしょうか？　よくながめてみると，この形容詞の中にはおなじみの単語 Mann が隠されています。これに前綴り be- と語尾 -en を付けて bemannen（人員を配置する）という動詞が作られます。bemannt は，動詞 bemannen の過去分詞で，これを形容詞として使っているわけです。以上のことが分かれば，bemannt の意味が「人を乗せた，有人の」であることが推測できるはずです。

③ 形容詞を動詞化する

Er ist der Held, der das Land von der Tyrannei befreit hat.
彼が，その国を虐政から解放した英雄です。

下線を付した動詞（過去分詞）のなかには形容詞 frei が見えますね。形容詞 frei に前綴り be- と語尾 -en を付けて，befreien とやはり動詞化できるのです。

**練習**　次の文の意味は？　もとにある言葉に注意して訳してください。

(1) Darüber hat er uns benachrichtigt.
(2) Das hat er bejaht.
(3) Er wollte den Krieg beenden.
(4) Die Medien beeinflussen die öffentliche Meinung.
(5) Beruhigen Sie sich!

**解答**
(1) 彼は私たちにそのことを知らせた。(benachrichtigen: 知らせる < die Nachricht: 知らせ)
(2) 彼はそれを肯定した。(bejahen: 肯定する < ja: はい　verneinen: 否定する)
(3) 彼は戦争を終わらせようとした。(beenden: 終わらせる < enden: 終わる, das Ende: 終わり)

15

(4)　メディアは世論に影響を与える。(beeinflussen: 影響する < der Einfluss: 影響)
　　(5)　落ちつきなさい！(beruhigen: 落ちつかせる < ruhig: 落ちついた)

　その他の重要な非分離の前綴りについても，代表的な意味・機能を簡単にまとめておきましょう。

● ver-
① 「消える，なくなる」あるいは「滅びる，腐る，ダメになる」
　Das Schloss ist beim Bombenangriff verbrannt. (< brennen)
　その城は爆撃を受けた際に焼失した。
　Plötzlich sind meine Kopfschmerzen vergangen. (< gehen)
　突然頭痛がおさまった。
　In meiner Abwesenheit sind die Früchte im Kühlschrank verfault. (< faul)
　留守中に冷蔵庫の中の果物が腐ってしまった。
② 「～しそこなう，し誤る」(多くの場合，再帰動詞として)
　Heute Morgen hat sie (sich) verschlafen. (< schlafen)
　今朝彼女は寝坊をしてしまった。
　An der Stelle habe ich mich verlesen. (< lesen)
　私はその箇所で読み違いをしてしまった。
③ ver+ 形容詞 +(e)n で，「(形容詞によって表される) 状態にする，変える」
　Die Gebrauchsanweisung ist zu kompliziert. Sie muss vereinfacht werden. (< einfach)
　この取扱い説明書は複雑すぎる。簡潔にしなければいけない。
　In nächster Zukunft will er seine Firma vergrößern. (< größer < groß)
　遠からず彼は会社を拡張するつもりだ。

● er-
① 「目標に到達する，目標を達成する」
　Er hat Französisch erlernt.
　　= Er hat Französisch gründlich gelernt. (< lernen)
　彼はフランス語を習得した。
　Der 80-jährige Alte hat den Berg erstiegen. (< steigen)
　　= Der 80-jährige Alte ist auf den Gipfel des Berges gestiegen.
　その 80 歳の老人はその山の頂上をきわめた。
② 「死に至る」
　Um ein Haar wäre das Kind ertrunken. (< trinken)
　間一髪その子は溺死するところだった。
　Der aus dem Zoo entflohene Tiger musste erschossen werden. (< schießen)
　動物園から逃げ出したトラは射殺しなければならなかった。

● **zer-**「真っ二つにする，粉々にする，破壊する」
　Das Kind hat die Fensterscheibe zerbrochen. (< brechen)
　　その子は窓ガラスを（粉々に）割ってしまった。
　Die Atombombe zerstörte die Stadt. (< stören)
　　原子爆弾がその町を破壊した。

● **ent-**「取り去る」
　Meine Mutter hat die alten Kleider entfernt. (< fern: 遠い)
　　= Meine Mutter hat die alten Kleider weggebracht.
　　母はその古い衣類を処分した。
　Er hat seinen politischen Gegner entmachtet. (< die Macht: 力，権力)
　　= Er hat seinem politischen Gegner die Macht weggenommen.
　　彼は彼の政敵を失脚させた。

**練習**　カッコ内のヒントをもとに動詞の前綴りを入れて文を完成させてください。

(1) Ich habe mich ＿＿＿＿＿＿. (spät: 遅い)
　　私は遅刻してしまった。
(2) Zwei Bergsteiger sind ＿＿＿＿＿＿. (frieren — fror — gefroren: 凍える)
　　登山家が2名凍死した。
(3) Die Bahn wurde ＿＿＿＿＿＿. (staatlich: 国営の)
　　鉄道は民営化（非国有化）された。
(4) ＿＿＿＿＿＿ Sie bitte das Papier in Stücke! (reißen: 裂く)
　　その紙を細かくちぎってください。
(5) Die Frau hat sich in einem Jahr 10 000 Euro ＿＿＿＿＿＿. (sparen: 節約する)
　　その女性は1年間で1万ユーロの貯金をした。

**解答**　(1) verspätet (sich ver-spät-en: 遅れる)　　(2) erfroren (er-frieren: 凍死する)
　　(3) entstaatlicht (ent-staatlich-en: 民営化する)　(4) Zerreißen (zer-reißen: 引き裂く)
　　(5) erspart (er-sparen: 貯めて手に入れる)

　以上，頻出する非分離の前綴りについて，代表的な機能・意味を述べてきました。語彙数を増やすためには，基本的な動詞とさまざまな前綴りの組み合わせでどんな意味が出てくるかを研究してみるのもお勧めです。

## ⓒ 名詞化する語尾など

形容詞や動詞から作られる名詞にも，覚えておきたいいくつかのパターンがあります。

(1) 形容詞の名詞化

**-heit, -keit**（形容詞などに付けてその性質などを表す。-ig, -lich, -bar などは-keit）
 echt — die Echtheit（純正さ）
 Mensch — die Menschheit（人類）
 richtig — die Richtigkeit（正しさ）
 arbeitslos — die Arbeitslosigkeit（失業）
 klein — die Kleinheit（小さいこと），die Kleinigkeit（些細なこと）

**-nis**（動詞・形容詞などに付ける後綴り）
 finster — die Finsternis（闇）
 geheim — das Geheimnis（秘密）
 wild — die Wildnis（荒野，荒れ地。ただし，die Wildheit: 野生，野蛮）

**-tum**（名詞・形容詞などと結び，その本質・状態，あるいはその集合などを表現）
 deutsch — das Deutschtum（ドイツらしさ）
 Bürger — das Bürgertum（市民階級）
 reich — der Reichtum（富，豊かさ）

**Ge-**（名詞・動詞などの前綴りで，集合や完了などの意味を表す）
 der Berg — das Gebirge（山地）
 die Schwester — die Geschwister（一般に複数で：兄弟姉妹）
 schenken — das Geschenk（プレゼント）
 trinken — das Getränk（飲み物）

(2) 動詞から導かれた名詞

不定形そのまま
 essen — das Essen（食べること，食事）
 trinken — das Trinken（飲むこと）

語幹から
 schlafen — der Schlaf（睡眠） halten — der Halt（足場）
 spielen — das Spiel（遊び，ゲーム） ziehen — der Zug（列車，移動）
 gehen — der Gang（歩行，行くこと） stehen — der Stand（状況）

語幹 + t
 fahren — die Fahrt（旅）
 ankommen — die Ankunft（到着）
 sehen — die Sicht（視界）

語幹 + **e**
　　reisen ― die Reise（旅）　　　　stellen ― die Stelle（場所）
　　nehmen ― die Nahme（取ること）　liegen ― die Lage（位置，場所）
語幹 + **ung**
　　wahrnehmen ― die Wahrnehmung（知覚）
　　zulassen ― die Zulassung（許可）
語幹 + **nis**
　　verstehen ― das Verständnis（理解）
　　erkennen ― die Erkenntnis（認識）

【注意】＊ただし，同じ動詞をもとにした名詞でも，何種類か名詞化の可能性があることがあります。その場合には，意味が異なることがあるので注意しましょう。
　　　　　　verstehen ― das Verständnis（理解）　der Verstand（悟性）
　　　　　　anliegen ― die Anlage（施設）　das Anliegen（用件）
　　　　　　sprechen（話す）― die Sprache（言葉）　der Spruch（格言）
　　　　　　　　das Sprichwort（諺）
　　　　＊同じ動詞をもとに作られた動詞でも，それぞれの名詞形が異なることもあります。
　　　　　　nehmen（取る）
　　　　　　annehmen ― die Annahme（仮定，受け取り）
　　　　　　vernehmen ― die Vernunft（理性）
　　　　　　wahrnehmen ― die Wahrnehmung（知覚）

**練習**　次の動詞から導かれた名詞形を定冠詞と一緒に書き入れてください。

(1)　ausgeben ― ＿＿＿＿＿＿＿＿（出すこと）
　　　umgeben ― ＿＿＿＿＿＿＿＿（周囲）
　　　(sich) ergeben ― ＿＿＿＿＿＿＿＿（結果）
(2)　halten ― ＿＿＿＿＿＿＿＿（停止）　　＿＿＿＿＿＿＿＿（態度）
　　　verhalten ― ＿＿＿＿＿＿＿＿（関係）
(3)　überlegen ― ＿＿＿＿＿＿＿＿（熟考）
　　　belegen ― ＿＿＿＿＿＿＿＿（証拠）
　　　beilegen ― ＿＿＿＿＿＿＿＿（添付したもの）
(4)　widersprechen ― ＿＿＿＿＿＿＿＿（矛盾・反駁）
　　　besprechen ― ＿＿＿＿＿＿＿＿（論及）
　　　sprechen ― ＿＿＿＿＿＿＿＿（言語）

**解答**　(1) die Ausgabe / die Umgebung / das Ergebnis　(2) der Halt / die Haltung / das Verhältnis

(3) die Überlegung / der Beleg / die Beilage  (4) der Widerspruch / die Besprechung / die Sprache

**練習** a)と b)の文がほぼ同じ意味になるように，例にしたがって（　）の中に入れるのに最も適当な名詞を記入してください。

例 a) Der Mann hat nicht geantwortet.
　　b) Der Mann hat keine ( *Antwort* ) gegeben.
(1) a) Die Stadt liegt sehr schön.
　　b) Die (　　) der Stadt ist sehr schön.
(2) a) Wir müssen leider auf den Plan verzichten.
　　b) Wir müssen leider auf den Plan (　　) leisten.
(3) a) Sie hat mir für meine Bemühungen gedankt.
　　b) Sie hat ihren (　　) für meine Bemühungen ausgesprochen.
(4) a) Aus seinen Aussagen kann man schließen, dass er mit dem neuen Kurs der Partei gar nicht zufrieden ist.
　　b) Aus seinen Aussagen kann man den (　　) ziehen, dass er mit dem neuen Kurs der Partei gar nicht zufrieden ist.
(5) a) Seine Meinung widerspricht der Tatsache.
　　b) Seine Meinung steht im (　　) zur Tatsache.

**解答** （訳は a)の訳です）
　　(1) Lage　　　　町はとても美しい位置にある。
　　(2) Verzicht　　私たちは残念だがその計画を諦めなければならない。
　　(3) Dank　　　　彼女は私の尽力に対して感謝した。
　　(4) Schluss　　彼の発言からは，彼が党の新しい方針に全く満足していないことが分かる。
　　(5) Widerspruch　彼の意見は事実に矛盾している。

**練習** a)と b)の文がほぼ同じ意味になるように，例にしたがって（　）の中に入れるのに最も適当な1語（名詞，形容詞，動詞など）を記入してください。

例 a) Er hat uns erst gestern Abend angerufen.
　　b) Sein ( *Anruf* ) kam erst gestern Abend.
(1) a) Der Unfall hat uns sehr entsetzt.
　　b) Der Unfall war (　　).

(2) a) Der Austausch trug zur Verständigung der beiden Völker bei.
　　b) Der Austausch hat einen (　　　) zur Verständigung der beiden Völker geleistet.
(3) a) Ich habe Interesse an europäischer Musik.
　　b) Ich bin an europäischer Musik (　　　).
(4) a) Der Präsident will die Firma größer machen.
　　b) Der Präsident will die Firma (　　　).
(5) a) Die Familie sehnte sich so sehr nach ihrer Heimat.
　　b) Die (　　　) der Familie nach ihrer Heimat war sehr groß.

**解答**　（訳は a)の訳です。）
(1) entsetzlich　　事故には愕然とさせられた。
(2) Beitrag　　　　交流は両国民の理解に貢献した。
(3) interessiert　　ヨーロッパ音楽に興味があります。
(4) vergrößern　　社長は会社を大きくするつもりだ。
(5) Sehnsucht　　その家族は故郷のことを思い焦がれていた。

## ３　前置詞の機能

　前置詞は，日本人から見て納得のいかない用法も多いにせよ，規則的な面が強いものです。また，動詞や形容詞，あるいは名詞と前置詞との結び付きは，熟語として覚えておかなくてはなりません。しかし，ある程度それぞれの前置詞の性質を知っていると，より覚えやすくなるでしょうし，未知の熟語が出てきても予想がつくのではないでしょうか。
　いくつか代表的な例を挙げておきます。これをきっかけに自分なりの前置詞の用法をまとめてみてください。

### Ⓐ 未来（と期待・関心）の auf，過去（と怒り）の über（比喩的な意味では４格）

sich⁴ **auf** et⁴ freuen / sich⁴ **über** et⁴ freuen （楽しみにしている・喜んでいる）
　Schon jetzt freuen wir uns **auf** deinen Besuch.
　　もう今から君の訪問を楽しみにしています。
　Er hat sich **über** das Geschenk richtig gefreut.
　　彼はプレゼントを本当に喜んだ。

auf et⁴ gespannt sein / über et⁴ (von et³) enttäuscht sein（ワクワクしている・がっかりしている）
  Ich bin schon **auf** den Film gespannt.
  もう映画が楽しみでワクワクする。
  Wir waren **über** das Ergebnis der Umfrage enttäuscht.
  アンケートの結果にはがっかりした。
Hoffnung **auf** et⁴ / sich⁴ **auf** j⁴ verlassen（～への希望・～を信頼する）
  **Auf** ihn kann man sich gut verlassen.
  彼ならば十分信頼できる。
  Wir hoffen **auf** eine bessere Zukunft.
  よりよい未来に期待しよう。
böse **über** (auf) j⁴ sein / sich⁴ **über** et⁴ ärgern（～のことを怒っている・腹を立てる）
  Er ärgert sich immer **über** die Fliege an der Wand.
  彼はちょっとしたことで腹を立てる（壁のハエを見ても腹を立てる）。
  Du kannst ruhig mit ihm sprechen. Er ist gar nicht böse **über** (auf) dich.
  大丈夫，彼と話すといいよ。君のことで怒っているのではないんだ。

## B 途中の auf

**auf** dem Weg（途中で）
  **Auf** dem Weg zum Bahnhof habe ich unseren Lehrer gesehen.
  駅までの途中で私たちの先生に会った。
**auf** der Suche nach et³（～を探して）
  Wir sind **auf** der Suche nach einem guten Souvenir.
  何かいい旅の土産がないか探しているんだ。

## C 報告・話題の über

sich⁴ **über** et⁴ informieren（～について情報を集める）
  **Darüber** können Sie sich am besten an Schalter 1 informieren.
  そのことについてお知りになりたいならば，窓口1が一番よいでしょう。
**über** et⁴ sprechen（～について話す）
  Im Seminar haben wir **über** den „Blechtrommel" von Günter Grass gesprochen.
  ゼミでギュンター・グラスの『ブリキの太鼓』について話し合った。
Auskunft **über** et⁴ (geben / bekommen)（～についての情報を提供する・得る）
  Die Beamtin hat uns freundlicherweise eine Auskunft **über** die Stadt gegeben.
  その女性公務員は親切にもその都市についての情報を与えてくれた。

**練習** カッコにどちらか適当な前置詞を入れてください。

(1) Sie beschweren sich immer (　　　) die Nachbarn.
　　　auf　　　　　über
(2) Hast du sehr lange (　　　) seinen Brief warten müssen?
　　　auf　　　　　über
(3) Schon jetzt freuen wir uns (　　　) die nächsten Ferien.
　　　über　　　　auf
(4) Danke für das Geschenk! (　　　) freuen wir uns alle sehr.
　　　Darüber　　　Darauf

**解答**
(1) über (sich⁴ über et⁴ beschweren: 〜について苦情を言う)
　　　彼らはいつも隣人たちの文句を言っている。
(2) auf　彼の手紙をずっと待たなくてはならなかったの？
(3) auf　もう今から次の休暇が楽しみです。
(4) Darüber　プレゼントありがとう！　私たちみんな，とても喜んでいます。

## 🅓 責任の für

j³ **für** et⁴ danken / **für** et⁴ dankbar sein / sich⁴ bei j³ **für** et⁴ bedanken（〜に感謝する）
　Ich danke Ihnen **für** Ihre Mühe.
　あなたのお骨折に感謝します。
**für** et⁴ verantwortlich sein（〜に責任がある）
　Er behauptet, er sei **für** den Unfall nicht verantwortlich.
　彼は事故の責任はない，と主張している。
**für** et⁴ zuständig sein（〜の担当である）
　Wer ist denn **für** dieses Problem zuständig?
　誰がこの問題の担当なのですか？

## 🅔 探すのは nach

j⁴ **nach** et³ fragen / sich⁴ **nach** et³ erkundigen（〜のことを尋ねる）
　Sie erkundigte sich **nach** dem Wahlergebnis.
　彼女は選挙の結果を尋ねた。
**nach** et³ suchen / die Suche **nach** et³（〜を探し求める・〜への探求）
　Wir sind auf der Suche **nach** dem verlorenen Kontinent.
　私たちは失われた大陸を探しているところです。

sich⁴ **nach** et³ sehnen / die Sehnsucht **nach** et³ （〜に憧れる・〜への憧れ）
　Er sehnte sich so sehr **nach** seiner Heimat.
　彼はそんなにも故郷を焦がれていた。
**nach** et³ streben / das Streben **nach** et³ （〜を得ようと努力する・〜への努力）
　Es ist nicht so sinnvoll, jetzt **nach** Gewinn zu streben.
　いま利益を追求することはそれほど有意義ではない。

## F 賛成の für，反対の gegen

**für/gegen** et⁴ sein （賛成・反対である）
　Ich bin **für/gegen** Ihre Meinung.
　私はあなたの意見に賛成・反対です。
**für/gegen** et⁴ stimmen （〜に賛成票・反対票を投じる）
　Die Mehrheit hat **für** den Abbau des Kraftwerks gestimmt.
　多数派は発電所の解体に賛成票を投じた。
sich⁴ **für/gegen** et⁴ entscheiden （〜するよう・〜しないよう決断する）
　Schließlich haben wir uns **für** die Abreise entschieden.
　私たちは結局旅立つことに決めた。

## G 思い・関心を寄せる an

**an** et⁴ denken （〜のことを考える）
　Der Student denkt immer **an** die Lehrerin.
　その学生はいつも先生のことを考えている。
sich⁴ **an** et⁴ erinnern （〜を思い出す）
　Im Alter erinnert man sich gern **an** seine Jugend.
　年を取るとよく青年期のことを思い出す。

## H つまづき・苦労の an

**an** et³ leiden （〜[病気]で苦しむ）
　Mein Vater hat lange **an** Tuberkulose gelitten.
　私の父は長いこと結核に苦しんだ。
**an** et³ sterben （〜で死ぬ）
　Der Mann starb **an** einem Herzinfarkt.
　その男性は心筋梗塞で死んだ。
j⁴ **an** et³ hindern （…が〜するのを邪魔する）
　Zwei kräftige Männer hinderten mich **am** Verlassen der Bar.
　2人のがっしりした男たちは私をバーから出させなかった。

**練習** カッコに入る前置詞を，an, nach, für, gegen から選んでください。

(1) Können Sie sich nicht mehr (　　　) ihn erinnern?
(2) Wir haben Morgenrot. Es spricht da-(　　　), dass es heute regnet.
(3) Ohne dich kann ich nicht leben. Ich denke jeden Tag (　　　) dich.
(4) Wir haben uns überall (　　　) dem Verschollenen erkundigt. Es war aber umsonst.
(5) Was er getan hat, war schrecklich! Diese Tat spricht (　　　) ihn.

**解答**
(1) an　　もう彼のことを思い出せないの？
(2) für　　朝焼けだ。これは今日雨が降るしるしだね。
(3) an　　君なしでは生きていけない。毎日君のことを考えている。
(4) nach　いたるところで失踪者たちのことを尋ねた。しかし無駄だった。
(5) gegen　彼がしたことはひどい！　この行いは彼のためにならない。

前置詞のさまざまな意味については，辞書をていねいに読むことでも知ることができます。

## 状況に応じて使い分ける前置詞

これまで熟語的に使われる場合を見てきましたが，前置詞の使い方はワンパターンに決まっていないことも多いのです。例えば次のカッコにはどんな前置詞が入るでしょうか。

Sie hat lange (　　　) Krebs gelitten.
彼女は長いことガンで苦しんでいた。
Er leidet sehr (　　　) der unfreundlichen Atmosphäre am Arbeitsplatz.
彼は職場の非友好的な雰囲気のもとで苦しんでいる。

どちらも「苦しんでいる」わけですが，病気の場合には一般に an et$^3$ leiden と表現します。これはすでに触れました。しかし圧迫や苦痛感で苦しむときには，unter et$^3$ leiden を使うのです。

このように状況によって前置詞が変わることがあります。sprechen を例に見てみましょう。次のカッコに入る最も適当な前置詞は何でしょうか。

(1) Morgen hält Dr. Ebert einen Vortrag. Er spricht (　　　) Nietzsches Philosophie.
(2) Hallo, Michael! Wir haben gerade (　　　) dir gesprochen.
(3) Kann ich bitte (　　　) Herrn Kohl sprechen?
(4) Ich möchte (　　　) den Kindern nicht über solche Sachen sprechen.

(5) Der Papst sprach über den Rundfunk (　　　) den Gläubigen in aller Welt.

解答　(1) über　明日エーベルト博士が講演をします。彼はニーチェの哲学について話します。(一般的に「～について話す」)
(2) von　やあ，ミヒャエル。ちょうど君のことを話していたんだ。(人のことを話題にしたり，定義などの場合: Der Präsident ist tot. Man spricht von einem Attentat.「大統領が死んだ。暗殺ではないかとされている」)
(3) mit　コールさんと話をしたいのですが。(「～と話す」。なお4格の目的語だけで，Kann ich bitte Herrn Kohl sprechen? もあります)
(4) vor　子どもたちの前でそんなことについて話したくない。(勘定に入れていない聞き手を言いたい場合)
(5) zu　法皇はラジオを通じて世界中の信者に語りかけた。(講演などをする人が聴衆などに話しかける場合)

このように，前置詞の使い方は一筋縄ではいきません。自分なりに語感をやしなったり，辞書をていねいに「読んだりして」身につけていきましょう。

**練習**　kämpfen「戦う」という動詞をめぐって，gegen, mit, für, um といった前置詞が入ります。意味を考えながら，4つのうちの1つを入れてください。

(1) Er hasste das Christentum und kämpfte (　　　) die Kirche.
(2) Wer als Ausländer nach Deutschland kommt, hat (　　　) vielen Problemen zu kämpfen.
(3) Die beiden Mannschaften werden morgen (　　　) den Davis-Cup kämpfen.
(4) Karl Marx wollte (　　　) das Proletariat kämpfen.

解答　(1) gegen　彼はキリスト教を憎み教会と戦った。(明白な敵対の場合)
(2) mit　外国人としてドイツに来るものは多くの問題と戦わなければならない。(処理したり防御したりすべき問題などの場合)
(3) um　両チームはあすデヴィスカップを賭けて戦います。[まだ手には入っていない]ものを手に入れようとして，「～をめぐって」戦う場合)
(4) für　カール・マルクスは，プロレタリアートのために戦おうとした。(一般的に「～のため」という場合。sich$^4$ für et$^4$ engagieren「～のためにかかわっていく」と類義)

第1章　文法・語彙編

**総合練習**　カッコに適当な前置詞を選んでください。

Es steht fest, dass die alkoholischen Getränke keinen gemeinsamen Ursprung haben. Weinrebe und Wein sind (　1　) der Kulturgeschichte der Menschheit (　2　) engsten verbunden. (　3　) den überlieferten Mythen der Völker spielt der vergorene Rebensaft als alkoholisches Getränk eine große Rolle. Wissenschaftler sind sich heute in der Mehrzahl (　4　) einig, dass (　5　) sechs- bis siebentausend Jahren begonnen wurde, die Weinrebe zu kultivieren. Die Babylonier und Ägypter z. B. waren (　6　) ihren Weinbau in dieser Epoche bekannt. Die griechische Mythologie berichtet, dass die Rebe aus dem Vorderen Orient (　7　) das Meer (　8　) Griechenland gelangte. Dies wird Dionysos, dem Gott des Weins und der Fruchtbarkeit, zugeschrieben. Die Römer bezeichneten Bacchus als den Gott des Weins.

| (1) an | mit | nach | (2) am | um | im |
| (3) Über | In | Auf | (4) davon | darüber | dagegen |
| (5) nach | vor | zu | (6) an | in | für |
| (7) zu | nach | über | (8) in | nach | zu |

**解答**
(1) mit (mit et³ verbunden sein: 〜と結び付いている)
(2) am (am —sten: 副詞の最上級)
(3) In (in den überlieferten Mythen: 伝承されている神話において)
(4) darüber (sich⁴ über et⁴ einig sein: 〜について見解が一致している)
(5) vor (vor ... Jahren: 〜年前に)
(6) für (für et⁴ / mit et³ bekannt sein: 〜で有名である)
(7) über (経由を示す über)
(8) nach (冠詞の付かない地名「へ」行く場合は nach)

**大意**
　アルコール飲料が共通の起源を持つわけでないことは確実である。ブドウやワインは人類の文化史ときわめて密接に結び付いている。さまざまな民族に伝承されている神話では，アルコール飲料としての発酵したブドウ果汁は重要な役割を果たしている。今日の多数の科学者は，ブドウを栽培することが６〜７千年前に始められたという点で一致している。例えばバビロニア人やエジプト人などはその時代のブドウ栽培で有名であった。ギリシャ神話が報告するところでは，ブドウは前オリエントから海を越えてギリシアに到来したことになっている。それはワインと豊饒の神であるディオニュソスによるとされている。ローマ人はバッカスをワインの神と呼んだ。

# ④ 動詞の用法

上級レベルに向けて，基本的な動詞のさまざまな使い方を覚えていきましょう。つまり，machenだったら「作る，する」という意味に固定して覚えるのではなく，機能動詞としてのvon et³ Gebrauch machen「～を使用する」のような使い方，あるいは，sich³ et⁴ zu Eigen machen「～を身につける」といった熟語も学んでいくのです。

### Ⓐ 機能動詞

機能動詞とは，動詞本来の意味が薄くなり，特定の名詞と結び付いてある意味を表現するような動詞です。例えば，berichten（報告する）のかわりに，Bericht erstattenと表現することができるわけです。どちらかというと書き言葉で，連発するとかたい文章になってしまいます。

なお，準1級で出題される機能動詞は，bringen, kommen, gehen, nehmen, geben, halten, ziehen ...のようなごく基本的な動詞と名詞（類）の組み合わせで作られているものが中心です。しかし，erhalten, annehmenなど，分離・非分離動詞と名詞が結び付いたものも，少しずつ覚えていきましょう（もちろん，erhaltenなどの動詞そのものは覚えましょう）。

例えば次のような機能動詞が出題されたことがあります。

---

(1) Während des Zweiten Weltkrieges konnte man das Alltagsleben nur mit Anstrengung und Mühe in Gang (　　　).
   1　führen　　2　nehmen　　3　halten　　4　ziehen

(2) Was berechtigt euch eigentlich, unsere Zuverlässigkeit immer wieder in Zweifel zu (　　)?
   1　hegen　　2　legen　　3　ziehen　　4　gehen

(3) Die Verhandlungen werden bald zum Abschluss (　　　).
   1　fließen　　2　kommen　　3　fahren　　4　gehen

(4) Er wollte damit zum Ausdruck (　　　), dass er sich auch für dieses Projekt einsetzen wird.
   1　bringen　　2　führen　　3　bewegen　　4　tragen

---

**解答**　(1) 3  halten (et⁴ in Gang halten:  ～を動かし続ける)
　　　　　第2次世界大戦中，日常生活を維持することはとても大変だった。
　　　　(2) 3  ziehen (et⁴ in Zweifel ziehen:  ～を疑う)
　　　　　私たちの信頼性を何度も疑うなんて，そんな権利が君たちにはあるのか？

(3) 2 kommen (zum Abschluss kommen: まとまる)
   交渉はじきに終了するだろう。
(4) 1 bringen (et⁴ zum Ausdruck bringen: 〜を表明する)
   そのことで彼は，このプロジェクトにも関与していくことを言おうとしていたのだ。

　機能動詞のうち，分離・非分離動詞と作られるもののいくつかについて，巻末に熟語集を付けました。折に触れて学んでください。

**練習** カッコに適当な語を入れてください。

(1) Mit Jeans auf die Party? Das (　　) überhaupt nicht in Frage!
   1　kommt　　2　zieht　　3　bringt　　4　geht
(2) Tut mir leid, aber darüber darf ich Ihnen keine Auskunft (　　).
   1　sprechen　　2　bringen　　3　geben　　4　führen
(3) Über das Problem haben meine Frau und ich ein langes Gespräch (　　).
   1　geführt　　2　gegeben　　3　genommen　　4　gestellt
(4) Er war ganz nett. Er hat ja einen guten Eindruck auf mich (　　).
   1　gebracht　　2　gemacht　　3　getroffen　　4　gehoben
(5) Wenn Sie Fragen haben, bitte wenden Sie sich an uns. Wir (　　) Ihnen gern zur Verfügung.
   1　stellen　　2　sind　　3　stehen　　4　nehmen

**解答**
(1) 1 (kommt: in Frage kommen)
   ジーンズでパーティーに？　そんなの問題にならない（ダメだよ）。
(2) 3 (geben: die Auskunft geben)
   申し訳ないのですが，その点についてはご案内できません。
(3) 1 (geführt: das Gespräch führen)
   その問題について家内と私は長いこと話し合った。
(4) 2 (gemacht: den Eindruck auf j⁴ machen)
   彼はとても親切だったの。いい印象を持ったわ。
(5) 3 (stehen: j³ zur Verfügung stehen)
   質問があれば私たちにどうぞ。喜んでお世話いたします。

## Ⓑ 基本動詞の熟語

以前，lassen のさまざまな用法について出題されたことがあります。これからは，機能動詞以上に，このような基本的な動詞をもとにしたさまざまな表現を問う問題が増えるのではないでしょうか。

(1) Bleib sitzen, lass dich nicht (　　　)! Ich gehe gleich wieder, ich wollte ja nur diese Zeitung hier holen.
  1　schlafen　　2　setzen　　3　stehen　　4　stören

(2) In letzter Zeit lässt sich der Politiker kaum in der Öffentlichkeit (　　　). Man vermutet, dass er schwer krank ist.
  1　erscheinen　　2　fehlen　　3　reden　　4　sehen

(3) Sie wollen zahlen? Nein, das kommt nicht in Frage. Lassen Sie das meine Sorge (　　)! Sie sind heute mein Gast.
  1　geben　　2　haben　　3　nehmen　　4　sein

(4) Meine Frau lässt sich (　　　). Sie fühlt sich heute nicht wohl.
  1　entschließen　　2　entschuldigen　　3　entsprechen　　4　entwickeln

**解答**　(1) 4　stören
　　　座ったままで，おかまいなく。この新聞を取りに来ただけですぐに行きますから。
(2) 4　sehen
　　　最近その政治家は公の場に姿を見せない。重病ではないかと推測されている。
(3) 4　sein
　　　支払いたいって言うんですか。いや，問題外ですよ。お気になさらないでください。今日はおごらせてください。
(4) 2　entschuldigen
　　　妻は失礼します。今日は体調が悪いので。
どれも慣用的な表現です。lassen のような基本的な動詞には，日常的によく使われる言いまわしがありますから，折に触れて覚えましょう。

こうした基本的な動詞の慣用的な使い方を自分なりにまとめてみましょう。ヒントとして，machen のいくつかの用法を挙げておきます。ここでも「machen の単語表」を作ったりするといいのではないでしょうか。

第1章　文法・語彙編

Wir haben einen Obstsalat gemacht.
私たちはフルーツサラダを作った。

Machen Sie bitte Platz!
場所を空けてください。

Das macht zusammen 350 EUR.
全部で350ユーロです。

Das macht nichts.
大丈夫です。

Mach's gut!
元気でな！

Liebe macht blind.
恋は盲目。

Das hat uns lachen gemacht.
それは笑わせてくれた。

Er hat sich auf den Weg gemacht.
彼は出発した。

**練習**　nehmen か geben の適当な形を下線部に入れてください。

(1) Jetzt muss man die Verantwortung auf sich ＿＿＿＿＿＿.
(2) Ich konnte es nicht so recht von mir ＿＿＿＿＿＿.
(3) ＿＿＿＿＿＿ dir mit der Arbeit Zeit und sei nicht so eilig!
(4) Er redet immer was Dummes. Das hast du aber zu ernst ＿＿＿＿＿＿.
(5) Jetzt ＿＿＿＿＿＿ der Schüler seinem Lehrer zu verstehen, wie er sich bemüht hat.

**解答**
(1) nehmen / et⁴ auf sich⁴ nehmen：（責任・罪などを）負う
今や責任をとらねばならない。
(2) geben / et⁴ von sich³ geben：言い表す
それをうまく言い表すことができなかった
(3) Nimm / sich³ Zeit nehmen：時間をかける
その仕事には時間をかけて，あまり急がないで！
(4) genommen / et⁴ ernst nehmen：真面目にとる
彼はいつもつまらないことを言うんだ。でも君は真面目にとってしまった。
(5) gibt / et⁴ zu verstehen geben：分からせようとする
生徒は，いかに努力したかを先生に説明している。

いかがでしたか？　ここで書いたヒントをもとにして，皆さん自身で今後の学習を進めていってください。もう一度，確認しましょう。単語や熟語は「受け身」に覚えるのではなく，「アクティヴに」自分なりのシステムを作ってみましょう。

## 第2章
# 読解編

Ⅰ◇読みのための作戦──── 34
Ⅱ◇読解のための文法の要点── 39
練習問題 第1部──────── 48
練習問題 第2部──────── 55

# I. 読みのための作戦

　まず，下の文章を最初から最後まで，一通り読みましょう。途中で分からない単語や表現があっても，そこで立ち止まって悩んでいてはいけません。文章を読み進んでいくなかで分かってくることが少なからずあるのです。これは，私たちが日頃日本語の文章を読んでいるときにも経験しているはずです。分からない言葉が出てくるたびに，いちいち国語辞典や漢和辞典を引いて読んではいませんね。長文は，だてに長いのではありません。そこには，文章を理解するためのヒントがたくさん含まれているのです。

**CD1-1**

　„Schlüsselkinder", deren Mütter wie die Väter einem außerhäuslichen Beruf nachgingen, galten als Märtyrer der harten Berufswelt und des Strebens vieler Eltern nach einem überdurchschnittlichen Lebensstandard. Ärzte und Psychologen glaubten, dass die „Schlüsselkinder" in ihrer kindlichen Entwicklung gefährdet seien. Auch die Kriminalisten schalteten sich ein und wollten beweisen, dass Kinder aus Familien, in denen beide Elternteile einem Beruf nachgehen, häufiger mit dem Gesetz in Konflikt kämen als Kinder aus Familien mit „Nur-Hausfrauen".

　Inzwischen ist man diesem Problem in den USA und in England auf den Grund gegangen und kam zu erstaunlichen Feststellungen. Die Kinder von Müttern, die einem außerhäuslichen Beruf nachgehen, sind keineswegs weniger glücklich als die Kinder, deren Mütter zu Hause sind. Die echten „Schlüsselkinder", denen einfach ein Hausschlüssel um den Hals gehängt wird und die den ganzen Tag sich selbst überlassen sind, gibt es kaum. Fast immer ist jemand da, der die Kinder während der Abwesenheit der Mutter betreut. Oft ist es eine Großmutter, oft eine Tante. So sind die Kinder mit berufstätigen Müttern weder verwahrlost noch ungeliebt. Die Psychologen meinen sogar, dass Kinder mit berufstätigen Müttern aufgeschlossener und reifer sind, dass sie auch mehr Verantwortungsgefühl haben als die Kinder, deren Mütter immer zu Hause sind. Auch ihre Einstellung zur Gemeinschaft und zu anderen Kindern soll positiver sein. Sie haben mehr Freunde und sind kontaktfreudiger. Da Mütter, die zu Hause sind, nicht selten dazu neigen, ihre Kinder allzu sehr zu betreuen und zu bevormunden, ist das Leben dieser Kinder nicht sehr abwechslungsreich und nicht sehr anregend. Das soll sich sogar auf die schulischen Leistungen negativ auswirken. Ihre Umwelt sei zu einseitig und eng. Die Betreuung der Kinder durch berufstätige Mütter kann natürlich nicht auf allen Gebieten so intensiv sein wie in einem sogenannten Vollhaushalt. Doch dafür bietet die berufstätige Mutter den

Kindern mehr Anregungen, denn sie bringt von ihrem Arbeitsplatz immer wieder neue Erlebnisse mit. Zudem ist sie aufgeschlossener und großzügiger als die Nur-Hausfrau.

Die Psychologen wollen auch festgestellt haben, dass Kinder aus Familien mit einer berufstätigen Mutter im späteren Leben besonders gut ihren Mann stehen. Sie vertrauen weit mehr auf ihr Können und ihre Kraft als Kinder aus „Vollfamilien". Vor allem in England vertritt man die Auffassung, dass es an der Zeit ist, die Vorurteile gegen berufstätige Mütter abzubauen und auch endlich damit aufzuhören, die Kinder berufstätiger Mütter als „Halbwaisen" zu bedauern.

### キーワードを探せ！

　一度通して読み終えたら，次に考えてみましょう。この文章のキーワードは何でしょうか。「キーワード」とは大抵，文章の中で特に強調されている言葉，繰り返し使われている言葉で，長文問題を読み解くための重要な手がかりになります。上の文章には，Kinder という単語が繰り返し（19回も）出てきます。これが，この文章のキーワードなのです。しかも，よく見てみると，この Kinder には2種類あるようです。一番分かりやすい箇所をとって比較してみると，一つは，die Kinder von Müttern, die einem außerhäuslichen Beruf nachgehen で，二つ目は，die Kinder, deren Mütter (immer) zu Hause sind です。この2種類の子どもの違いは，どうやら彼らのお母さんの違いから来ているようです。

### ドイツ語の造語力に注目！

　まず，最初の die Kinder von Müttern, die einem außerhäuslichen Beruf nachgehen について，どんなお母さんの子どもなのか詳しく考えてみましょう。おそらく皆さんは，ドイツ語を習い始めたばかりの頃に，Was sind Sie von Beruf? という表現を習ったことでしょう。相手の職業を聞く慣用表現でしたね。Beruf はつまり「職業」です。では，außerhäuslich という単語は，どんな意味なのでしょうか。ドイツ語は，非常に造語力に富んだ言葉です。どんどん単語をつなげて長い単語を作ることができます。また，ある特定の語尾を付けて名詞を形容詞化したり，gehen や fahren といった基本的な動詞に特定の前綴りを付けて意味を限定したりすることもできます。逆に，そうして出来上がった単語の意味は，いったん構成要素である一つ一つの単語に分解し，その意味をつなぎ合わせることで推測できるものです。außerhäuslich の意味も，分解して考えていけばそれほど難しくはありません。außerhäuslich = außer + Haus + lich です。außer...lich で「～の外の」という意味の形容詞を作りますが，「～の外で，外に」を意味する前

置詞 außer を知っていれば，そこからも推測はつきます。全体で「家の外での，家庭外での」といった意味でしょう。nachgehen も，nach に「目標に向かっての運動」の意味があることを知っていれば，「〜を追い求める，追求する」「〜に専念する」などの意味が出てくるはずです（動詞の前綴りについては文法の章参照）。

「家庭外での仕事に専念するお母さん，家の外に仕事を持つお母さん」はまた，上の文章中で，関係文を使わずに eine / die berufstätige Mutter，あるいは複数形の berufstätige Mütter というドイツ語でも言い換えられています。berufstätig も分解して考えましょう。この単語は，Beruf と tätig からできています。tätig は名詞 Tat「行為」から作られた形容詞， Tat は動詞 tun「する，行う」から来ています。従って，berufstätig は「職に就いている，仕事を持っている」という意味になります。そして，「家の外に仕事を持つお母さん」の子どもは，本文 1 行目では，Schlüsselkind とも呼ばれています。Schlüssel「鍵」+ Kind「子ども」，日本語にも「鍵っ子」という言葉がありますね。

もう一方のお母さん，die Kinder, deren Mütter immer zu Hause sind の方はそう難しくはないでしょう。「（いつも）家にいるお母さん」，つまり「主婦業に専念しているお母さん」で，文中では Nur-Hausfrau(en) というドイツ語でも言い表されています。

### 文章の論理的構成をつかむ

「家の外に仕事を持つお母さん」とその子ども（鍵っ子）vs.「専業主婦」とその子ども，という図式が明らかになりましたが，こうした対立関係はしばしば，文章全体の論理構造，論の展開，筋の展開を把握するための重要なヒントになります。上の文章でも，この対立関係が見抜ければ，文章全体の大意は見えてきます。あとは，この両者がさまざまな比較表現（比較表現について詳しくは，【文法のまとめ・2】を参照）を使って対比・比較されている点に注目し，その大体の意味がとれればOK!

話を簡単にするために，「家の外に仕事を持つお母さん」およびこれと同じ意味の語句を A，その子ども（鍵っ子）を意味する語句を A'，「専業主婦」およびこれに類する語句を B，その子どもを表す語句を B' と置き換えて，A と B，A' と B' が主に比較表現を使ってどのように対比・比較されているか，段落ごとに拾い出してみましょう。

[第 1 段落]

　A' kommen häufiger mit dem Gesetz in Konflikt als B'.
　A' は，B' よりも法に違反することが多い。

[第2段落]

A' sind keineswegs weniger glücklich als B'.
　A'がB'よりもより幸福でないということは決してない。
　=A'はB'と同じくらい幸福である。

A' sind aufgeschlossener und reifer als B'.
　A'はB'よりもオープンで，成熟している。

A' haben mehr Verantwortungsgefühl als B'.
　A'はB'よりも責任感が強い。

Die Einstellung von A' zur Gemeinschaft und zu anderen Kindern ist positiver (als die von B').
　共同社会や他の子どもたちに対するA'の態度は，(B'よりも) 積極的である。

A' haben mehr Freunde (als B').
　A'は (B'よりも) 友達が多い。

A' sind kontaktfreudiger (als B').
　A'は (B'よりも) 人付き合いがよい。

Die Betreuung der Kinder durch A kann nicht auf allen Gebieten so intensiv sein wie die durch B.
　Aは，全ての面でBと同じくらい徹底して子どもの面倒を見られるわけではない。

A bietet den Kindern mehr Anregungen (als B).
　Aは (Bよりも) 子どもにより多くの刺激を与える。

A ist aufgeschlossener und großzügiger als B.
　AはBよりもオープンであり，寛大である。

[第3段落]

A' vertrauen weit mehr auf ihr Können und ihre Kraft als B'.
　A'はB'よりもずっと，自分の能力や力を信頼している。

さて，ここまでくれば，この文章全体の大意は把握できたも同然です。第1段落ではまず，「鍵っ子」が現代社会の，共稼ぎをする親たちの犠牲者として描かれ，「鍵っ子」に関する心理学者や医者，犯罪学者の否定的見解が簡単に紹介されます。第2段落になると論調は一転して（特に段落冒頭のinzwischen「その間に，そうこうする間に」に注目しましょう！），「鍵っ子」の，あるいは職業を持つお母さんの肯定的側面が，上で確認したように，「専業主婦」およびその子どもとの比較という形で列挙されます。第3段落は，第2段落の内容を受けての締めくくり，まとめで，働くお母さんとその子どもに対する偏見がなくなりつつある状況に触れています。

以上，長文の読み方について大雑把な概略を述べました。動詞の前綴りに注目

して語彙力を増やす方法，さらに，基本的な動詞が特定の名詞と結び付いて作る慣用的表現，動詞，名詞，形容詞と特定の前置詞の結び付いた熟語的表現については，すでに文法の章で勉強しました。ここでは次に，【文法のまとめ・1～3】で中級文法のうち特に相関接続詞，比較表現，接続法を使った表現の復習をしましょう。それから，練習問題を解きながら，長文読解のためのポイントについてさらに詳しく解説をしていくことにします。

**訳** 父親同様に母親も家の外で仕事をしていた家の「鍵っ子たち」は，厳しい職業社会の，そして平均以上の生活水準を求める両親の意欲の犠牲者として見なされてきた。医者や心理学者は「鍵っ子たち」の子どもとしての発達が危険にさらされているのだ，と信じてきた。犯罪学者たちもが口を挟み込み，両親ともに働く家の子どもたちが，「ただ主婦だけをしている」（母親のいる）家庭の子どもたちよりも，より多く法に抵触することを証明しようと躍起になっていた。

　最近ではアメリカ合衆国やイギリスでこの問題の根源を捉えようという動きがあり，驚くべき事実が確認された。母親が家の外で働いている家の子どもたちは，母親が家にいる家の子どもたちよりも幸福ではないとは決して言えないのである。単に首に鍵をかけられて一日中自分のことをしないといけない本当の「鍵っ子」というのはほとんどいないのである。ほとんど常に，母親がいない間に子どもの面倒を見る人がいるのだ。それはおばあさんだったり，おばさんだったりする。つまり母親が働いているからといって，子どもたちが荒れているとか，愛されていないとは言えないのである。それどころか心理学者は，職業に就いている母親の子どもが母親が家にいる子どもよりオープンで成熟しており，より責任感に富んでいるとさえ考えている。また共同体や他の子どもたちとの関係でも，より積極的だというのである。さらに友人の数も多く，人付き合いがよいのだ。家にいる母親の場合，子どもの面倒を見すぎたり，干渉しすぎたりする傾向がないわけではなく，そうした子どもの生活はあまり変化がなく，刺激にも乏しい。このことは学校での成績にも悪い影響を与えかねないといわれている。そうした子どもたちの身のまわりの世界は一面的で狭くなってしまうからだ。仕事を持っている母親が子どもの世話をするにしても，それはいわゆる在宅主婦の家庭ほどはしっかりはしていないのは事実だろう。しかしその代わり，職業に就いている母親はより多くの刺激を子どもたちに与えている。なぜならそうした母親はたえまなく職場からさまざまな体験を持ち帰るからだ。さらにそうした母親はただの主婦よりもオープンで寛容である。

　心理学者たちが確認したと主張しているのだが，母親が働いている家の子どもたちは，成長してから自分の課題をきっちりと果たすようになるという。彼らは「きちんとそろった家庭」の子どもたちよりも，自分の能力や力を信頼している。

とりわけイギリスでは，職業についている母親に対する偏見を排除し，母親が働いている家の子どもを「半みなしご」として可哀想だと考えることをもうやめるべき時が来たのだ，という考えが主流になっている。

# II. 読解のための文法の要点

【文法のまとめ・1】―接続詞（特に相関接続詞）を使った表現―

**CD1-2**

　Die Französische Revolution griff nicht auf Deutschland über. **Zwar** hatten auch hier schon in den vorangegangenen Jahren immer wieder einzelne Persönlichkeiten die Grenzen zwischen Adel und Bürgertum zu überwinden gesucht, begrüßten auch bedeutende Köpfe den Umsturz im Westen als Beginn einer neuen Zeit, **aber** der Funke konnte schon deshalb schlecht überspringen, weil im Gegensatz zum zentralistisch orientierten Frankreich die föderalistische Struktur des Reiches eine Ausbreitung neuer Ideen behinderte.

　訳　フランス革命は，ドイツへは飛び火しなかった。<u>なるほど</u>，ドイツでもすでに何年か前から，貴族と市民の垣根を踏み越えようと試みた人がいたし，（ドイツの）西での政変を新たな時代の幕開けとして歓迎する著名人たちもいたが，<u>しかし</u>，中央集権国家フランスとは違い，帝国（神聖ローマ帝国＝ドイツ）の連邦体制が新しい考え方の伝播を妨げたために，革命の火の粉はドイツへはうまく飛び移らなかったのである。

　**zwar ..., aber ...** の関係が見抜けたでしょうか？　このように，長文の論の展開を追っていくには，接続詞に注目してみるのも一つの手です。基本的な接続詞については説明の必要はないと思いますので，ここでは，相関接続詞を中心に，接続詞を含んだ熟語的表現をまとめてみましょう。

① **nicht A, sondern B**「A でなく B」
　　Er ist **nicht** verreist, **sondern** (er) hat diese Stadt für ewig verlassen.
　　　彼は旅に出たのではなく，この町を永久に立ち去ってしまったのだ。
　nicht の部分が，別の否定詞（次の例文では否定冠詞 kein）になることもあります。
　　Ich will mir **keinen** BMW, **sondern** einen Mercedes kaufen.
　　　私は BMW ではなく，メルセデスを買うつもりである。

② **nicht nur A, sondern auch B**「AばかりでなくBも」
**Nicht nur** die Kinder, **sondern auch** ihre Eltern haben sich erkältet.
子どもたちばかりかその両親も風邪を引いてしまった。
Weißt du, dass er **nicht nur** ein Konzert gegeben hat, **sondern** dass das Konzert **auch** auf CD aufgenommen wurde?
彼がコンサートを開いたばかりか，そのコンサートがCDに録音されたことを君は知っているかい？

③ **sowohl A als / wie (auch) B**「AもBも」
Er kann **sowohl** Deutsch **als / wie (auch)** Französisch sprechen.
彼はドイツ語もフランス語も話せる。

④ **nicht sowohl A als vielmehr B**「AというよりもむしろB」
Der Film war **nicht sowohl** schwer verständlich **als vielmehr** unsinnig.
= Der Film war **weniger** schwer verständlich **als vielmehr** unsinnig.
その映画は，難解というよりはむしろナンセンスであった。

⑤ **zwar A, aber / doch B**「（なるほど）Aだが，しかしB」
**Zwar** nimmt die Arbeitslosigkeit zu, **aber** die Regierung trifft keine Maßnahmen dagegen.
これは，従属の接続詞obwohlを使って次のように書き換えることができます。
= **Obwohl** die Arbeitslosigkeit zunimmt, trifft die Regierung keine Maßnahmen dagegen.
失業は増加しているが，政府は何の措置も講じない。

⑥ **entweder A oder B**「AかBかいずれか」
In Zukunft möchte ich **entweder** Journalist **oder** Schriftsteller werden.
将来私は，ジャーナリストか作家になりたい。
Er weiß genau, dass er **entweder** noch heute die Stadt verlassen muss **oder** dass er verhaftet wird.
今日中に町を去るか，さもなければ逮捕されてしまうということを，彼はよく知っている。

⑦ **weder A noch B**「AでもなくBでもなく」
Dazu hatte er **weder** Lust **noch** Zeit.
彼はそれをする気も時間もなかった。

Das Buch konnte ich **weder** in einer Buchhandlung auftreiben, **noch** fand ich es in der Unibibliothek.
私はその本を，本屋で手に入れることも，大学の図書館で見つけることもできなかった。

⑧ **zu + 形容詞 / 副詞, als dass ...**「あまりにも～なので～ない」
Der Stern ist **zu** klein, **als dass** man ihn mit den Augen sehen könnte.
その星はあまりにも小さいので，目で見ることはできない。
主文と副文の主語が同じときは，次のように **zu + 形容詞 / 副詞, um ... zu + 不定詞**で言い換えることができます。
Er ist **zu** betrunken, **als dass** er mit dem Fahrrad nach Hause kommen könnte.
= Er ist **zu** betrunken, **um** mit dem Fahrrad nach Hause **zu** kommen / kommen **zu** können.
彼はあまりにも酔っているので，自転車で帰宅することはできない。

⑨ Sie war **derart** erschöpft, **dass** sie stehend einschlief.
彼女は，立ったまま眠り込んでしまうほど疲れていた。

⑩ Seine deutschen Sprachfähigkeiten haben **solches** Niveau, **dass** er simultan dolmetschen kann.
彼のドイツ語力は，同時通訳できるくらいのレベルである。

## 【文法のまとめ・2】―比較表現―

**CD1-3**

Geradezu schockierend wirkte es daher, als der amerikanische Computer-Experte Professor Joseph Weizmann vor einiger Zeit darauf hinwies, dass die neue Technik auch große Gefahren mit sich bringt. Seine größte Sorge ist, dass die Menschen eines Tages nicht mehr den Computer beherrschen werden, sondern dass der Computer den Menschen beherrscht. **Je mehr** man nämlich dem Computer die Organisation des Lebens überlasse, **desto abhängiger** werde man von ihm.

**訳** それ故，アメリカのコンピューター専門家，ジョゼフ・ワイツマン博士が少し前に，新しい技術は大きな危険ももたらすということを指摘したのは，かなりショックなことだった。彼が最も不安に思っているのは，いつの日か人間がコンピューターを使いこなせなくなり，逆にコンピューターが人間を支配するようになるのではないか，つまり，人生設計をコンピューターに<u>任せれば任せるほど</u>，我々は<u>ます</u>

<u>ますコンピューターに依存するようになるのではないか</u>，ということである。

　上の文章にはいくつか要チェックの文法項目が含まれていますが，ここでは特に，**je + 比較級，desto / um so + 比較級**のような，さまざまな比較表現についてまとめておきましょう。

### 原級
① **so + 原級 + wie ...** で，程度が同じであることを表します。
　　Michael ist **so groß wie** Helmut.
　　　ミヒャエルはヘルムートと同じくらい背が高い。
　程度が同じであることを強調するのに，**eben** または **genau** を so の前に置くこともあります（1語で **ebenso, genauso** となる場合もあります）。
　　Michael ist **eben so groß wie** Helmut.
　　= Michael ist **genau so groß wie** Helmut.
　否定する場合には，**nicht** を so の前に置きます。
　　Angelika ist **nicht so jung wie** Renate.
　　　アンゲーリカはレナーテほど若くはない。
　「～倍～である」と言いたいときには，**halb, doppelt, dreimal** などを so の前に置きます。
　　Meine Tasche ist **halb so teuer wie** deine.
　　　ぼくのカバンは，君のカバンの半値である。
　　Dieser Turm ist **doppelt / dreimal so hoch wie** der da.
　　　この塔は，あそこにあるあの塔の2倍 / 3倍の高さである。

② **so gut wie ...** で，「～も同然」という決まった意味を持ちます。
　　Ohne Frank ist unsere Mannschaft **so gut wie** verloren.
　　　フランクがいなければ，我々のチームは負けたも同然である。

③ **so + 原級 + wie möglich** (=**möglichst + 原級**) で，「できるだけ～」という意味を表します。
　　Kommen Sie bitte **so bald wie möglich**!
　　= Kommen Sie bitte **möglichst bald**!
　　　できるだけすぐ来てください。

### 比較級
① **比較級 + als ...** で，「～より～である」という意味。なお，比較級の作り方につ

いては，文法をもう一度復習してください。
　Michael ist **größer als** Helmut.
　ミヒャエルはヘルムートより背が高い。
比較級を強調して「はるかに〜だ」と言いたいときには，**viel** や **weit** などを比較級の前に置きます。
　Michael ist **viel größer als** Helmut.
　ミヒャエルはヘルムートよりはるかに背が高い。
次のように，「〜として」の als と重複してしまうときには**比較級 + denn** ... の形を用います。
　Er ist als Pianist **berühmter denn** als Komponist.
　彼は，作曲家としてよりもピアニストとして有名である。

② **weniger + 原級 + als** ... で「〜ほど〜ではない」の意味。
　Herbert ist **weniger fleißig als** sein Bruder.
　ヘルベルトは，彼の兄（弟）ほど勤勉ではない。
これを否定すると，結局，前に述べた **so + 原級 + wie** ... と同じ意味になります。
　Herbert ist **nicht weniger fleißig als** sein Bruder.
　= Herbert ist **so fleißig wie** sein Bruder.
似た表現で，次のようなものもあります。これは，コンテクストによって全く相反する意味を持つので要注意。
　Das ist **nichts weniger als** ein Meisterwerk.
　1）これは傑作などではない。（否定の強調）
　　= Das ist **alles andere als** ein Meisterwerk.
　2）これぞ傑作。（肯定の強調）
　　= Das ist **nichts anders als** ein Meisterwerk.

③ **mehr A als B** で「B というよりむしろ A」の意味。A と B には，名詞・形容詞などが入ります。
　Das Schwimmbecken ist **mehr** breit **als** lang.
　= Das Schwimmbecken ist **eher** breit **als** lang.
　= Das Schwimmbecken ist **weniger** lang **als** breit.
　そのプールは奥行きがあるというより間口が広い。

④ **mehr oder weniger** で「多かれ少なかれ，だいたいにおいて」の意味。
　Er hat **mehr oder weniger** Recht.
　彼の言っていることはだいたいにおいて正しい。

43

⑤ **immer + 比較級**，または**比較級 + und + 比較級**で「ますます～，だんだん～」の意味。
　　Die Beziehungen zwischen den beiden Staaten wurden **immer gespannter**.
　　= Die Beziehungen zwischen den beiden Staaten wurden **gespannter und gespannter**.
　　その両国間の関係はますます緊迫したものになった。

⑥ **je + 比較級**，**desto / um so + 比較級**で「～すればするほど，ますます～」の意味。前半の **je + 比較級**に始まる部分が「副文」，後半の **desto / um so + 比較級**で始まる部分が「主文」となります。
　　**Je weiter** er nach Norden reiste, **desto kälter** wurde es.
　　= **Je weiter** er nach Norden reiste, **um so kälter** wurde es.
　　彼が北へ旅をすればするほど，ますます寒くなった。

⑦ 次の形で，意味的には最上級の意味になります。
　　**Nichts** ist **wichtiger als** die Freundschaft.
　　= Die Freundschaft ist **am wichtigsten**.
　　友情より大切なものはない。

**最上級**
① Kyoto ist im Herbst **am schönsten**.
　　京都は秋が一番美しい。
　　京都の美しさを四季の中で比較すると秋が一番美しい，という意味です。
② Bruno will in **nächster** Zukunft in Deutschland studieren.
　　= Bruno will **so** bald **wie möglich** in Deutschland studieren.
　　ブルーノは遠からずドイツに留学するつもりである。
　　最上級の絶対的用法で「最も～」という意味はありません。

**【文法のまとめ・3】―接続法を使った表現―**
**間接話法**
　接続法を使った表現でまず確認しておきたいのは，「間接話法」です。人の言葉，意見などを引用符付きで直接引用するのではなく，間接的に引用するのが「間接話法」ですが，その際動詞は接続法Ⅰ式，接続法Ⅰ式が直説法と同じ形になるときには接続法Ⅱ式を用います。接続法Ⅰ式，Ⅱ式の作り方，直接引用文を間接引用文に書き換える際の手順・注意点などについては，文法を復習してください。ここでは特に，次のようなケースに注目してみましょう。

**CD1-4**

In Brasilien hat ein Bankräuber bei dem Versuch, einen Tresor zu knacken, gleich das ganze Bankgebäude in die Luft gesprengt. Wie die Polizei weiter berichtete, wollte der 32-jährige in der Stadt Jaguapita den Safe knacken, indem er ihn mit Gas füllte und anzündete. Die Explosion **sei** so gewaltig **gewesen**, dass das Dach des Hauses **weggesprengt worden sei**. Der Einbrecher selbst wurde durch die Druckwelle quer durch den Raum geschleudert, aber nur leicht verletzt.

Als der Täter zu fliehen **versucht habe**, **sei** er **festgenommen worden**, berichtete die Polizei. Bei der Vernehmung **habe** er **erklärt**, die Explosion **habe** sich **ereignet**, als er gerade in der Küche ein Steak **gebraten habe**.

訳　ブラジルで，銀行強盗が金庫をこじ開けようとした際に，銀行の建物をそっくり爆破してしまった。警察がさらに伝えるところによると，この32歳の犯人は，Jaguapita市で金庫にガスを充満させて火をつけ，こじ開けようとした。その爆発は，銀行の屋根が吹き飛んでしまうほど大きなものだった，ということである。犯人自身，爆風で部屋の隅から隅へ放り投げられたが，ごく軽い傷を負っただけだった。

犯人は逃げようとしたときに逮捕された，と警察は伝えている。尋問を受けた犯人は，ちょうど台所でステーキを焼いていたときに爆発が起こった，と説明したそうである。

解説　下線を付した箇所に，接続法が伝えるニュアンスを訳し出してみました。つまり，第１段落の接続法Ⅰ式は，警察の報告内容を間接的に引用していることを示す接続法です。第２段落１行目も同じく警察の報告内容で，ともにberichtenという動詞がヒントになります。第２段落２行目最初の接続法Ⅰ式も，やはり警察の報告内容の間接引用ですが，それ以降は，銀行強盗犯の語った言葉の間接引用になっています。このように，berichtenやsagenなどの動詞をいちいち繰り返すことなく，いきなり接続法が登場することがあるので注意しましょう。逆に言えば，接続法という動詞の形ですでに間接引用だということが明らかなので，sagenなどの動詞を繰り返す必要がないのです。

**接続法Ⅰ式を用いた表現**
① 接続法Ⅰ式を用いた「要求話法」。Gott sei Dank! のsei も，この要求話法の接続法Ⅰ式です。

　Dieser Winkel $\alpha$ **sei** 30°.
　　この角 $\alpha$ を30度としよう。

Man **nehme** eine Tablette täglich dreimal nach dem Essen.
一日3回，食後に1錠ずつ飲むこと。

② **es sei denn, dass** ... で「～の場合は別として，～でもなければ」の意味。
Das Fußballspiel findet statt, **es sei denn, dass** es gewittere / gewittert.
雷雨にでもならなければ，そのサッカーの試合は行われる。

③ **sei es** ..., **sei es** ... で「～であれ，～であれ」の意味。
Er trinkt gerne Wein, **sei es** Rotwein, **sei es** Weißwein.
赤ワインであれ白ワインであれ，彼はワインを飲むのが好きである。

**接続法 II 式を用いた表現**

① 接続法 II 式を用いた「非現実話法」で，仮定的前提部の wenn が省略されると，定動詞が文頭に出てきます。
**Hätte** ich viel Geld, würde ich diesen Sportwagen kaufen.
= **Wenn** ich viel Geld **hätte**, [so] würde ich diesen Sportwagen kaufen.
お金がたくさんあったら，このスポーツカーを買うのに。

② 仮定的前提部を独立させて，実現不可能な願望を表現することができます。強調の doch や nur とよく一緒に用いられます。もちろん，wenn を省略した形も可能です。
**Wenn** du doch / nur **gekommen wärest**!
君が来てくれたらよかったのに！

③ 仮定的前提部が常に wenn に導かれる節の形を取るわけではありません。次の例文では，主語に仮定の意味が盛り込まれています。
<u>Ich</u> **würde** mit dem Bus fahren.
私だったらバスで行くけど。
次の各文では，前置詞句 bei schönem Wetter と ohne Ihre Hilfe に仮定の意味が込められています。
<u>Bei schönem Wetter</u> **wäre** ich **spazieren gegangen**.
天気がよかったら，散歩に行ったのに。
<u>Ohne Ihre Hilfe</u> **hätte** ich die Prüfung nicht **bestanden**.
あなたの手助けがなかったら，私はその試験に合格しなかったでしょう。

④ **beinahe** と接続法 II 式で「もう少しで～」の意味。

Er **hätte beinahe** seinen Mantel **vergessen**.
　彼は，もう少しでコートを忘れるところだった。
　**fast**，**um ein Haar** と接続法Ⅱ式でも，同じ意味が出ます。
　**Fast / Um ein Haar wäre** ich in den Fluss **gefallen**.
　私は危うく川に落ちるところだった。

⑤ **als ob** または **als wenn** と接続法Ⅱ式で「あたかも，まるで〜のように」の意味。
　Er tut (so), **als ob** er nichts davon **wüsste**.
　彼は，そのことについては何も知らないかのようなふりをしている。
　ob，wenn は省略できますが，省略すると定動詞（次の例文では hätte）が als の直後に来ます。
　Er tat (so), **als hätte** er mich nicht **verstanden**.
　= Er tat (so), **als ob** er mich nicht **verstanden hätte**.
　彼は，私の言ったことが分からなかったかのようなふりをした。
　Mir ist / Es ist mir, **als ob** ich König **geworden wäre**.
　私は，まるで王様になったかのような気がする。
　Du siehst aus, **als ob** du krank **wärest**.
　あなたはまるで病気のように見える。
　この構文では一般に接続法Ⅱ式が多用されますが，しばしば接続法Ⅰ式が使われたり，最近では直説法が使われることもあります。

⑥ 接続法Ⅱ式と話法の助動詞を含む非難や後悔の表現にも注意しましょう。
　So was **hättest** du nicht **sagen dürfen**.
　そんなこと，君は言ってはいけなかったのに（言ってしまった）。
　Das **hätte** sie gleich ihrem Vater **sagen sollen**.
　それを彼女はすぐ父親に言うべきだったのに（言わなかった）。
　Er **hätte** noch schneller **laufen können**.
　彼はもっと速く走ることができたのに（走らなかった）。

⑦ 接続法Ⅱ式を用いた控えめな言い方，ていねいな言い方もチェックしておきましょう。
　Ich **wäre** dankbar, wenn Sie mir eine umgehende Antwort geben **könnten**.
　折り返しお返事を頂ければ幸いです。
　Es **wäre** besser, wenn Sie noch einen Tag im Bett bleiben **würden**.
　もう一日お休みになっていた方がいいと思いますが。

Ich **hätte** gern zwei Kilo Tomaten.
トマトを2キロほしいのですが。
**Könnten** Sie mir bitte sagen, wie ich zum Rathaus komme?
市役所へはどう行ったらよいか，教えていただけませんか？

### 練習問題 ——第1部

　語彙，表現（慣用表現，熟語表現等）レベルでの対策は，文法の章および本章の【文法のまとめ・1～3】をよく復習すればOKですが，論旨を見失わずに長文を読んでいくためには，目の付け所があります。ここで読み違いをしてしまうと，いくら一つ一つの単語や熟語が分かっていても，文意をとり損なってしまいます。文章を読みながら具体的に説明していきましょう。まず自力で答えを用意してから，訳例と解説を読んでください。

#### CD1-5【練習問題1】

　　Die Winter in Zentral- und Nordeuropa werden in den nächsten 100 Jahren bis zu fünfmal nasser. In Asien steigt im gleichen Maß die Überschwemmungsgefahr in den regenreichen Sommermonaten an. Zu diesem Ergebnis führte die Auswertung von 19 Klimastudien.
　　Die Daten über Flutkatastrophen des vergangenen Jahrhunderts untermauern die Vorhersagen. Sie bestätigen, dass Hochwasser und Überschwemmungen weltweit stärker und regelmäßiger werden.

**問**　下線部の「より濡れた，湿った」とはどういう意味でしょうか？

**訳**　中部および北部ヨーロッパの冬は次の100年間で5倍にまで降水量が増えるだろう。アジアでも同程度に雨の多い夏の月に洪水の危険が高まる。19の気候調査の結果により，この結論が得られた。
　前世紀の洪水などの被害のデータがこの予報を裏付けている。データは，高潮や洪水が世界的により深刻に定期的に見られるであろうことを証明している。

**解説**　ドイツ語の論説文では，最初に重要な点を紹介し，それを個別的な論点から補強する，というかたちが多く見られます。ここでは気候変化がどうなるのか，が最初に提示され，そのもとになった調査について触れています。
　読みのテクニックとして，個々の単語にとらわれずに，全体から考える練習をしてみましょう。全体を読むと，「水」と「気象」がテーマになっていることが分

かります。nasser (より湿った), regenreich (雨の多い), Klima (気象), Flut (大水), Hochwasser (高潮)といった語が登場しています。ここから, nasser「より濡れた」が「より降水量が多い」という意味で使われていることが推理できます。

同様に，単語が分からなかった場合にも，全体から推測する練習をしてみましょう。例えばÜberschwemmungという単語が分からなかったとします。ÜberschwemmungはHochwasserと並べられており，後者が具体的に「高潮」だと分からなくても，「水が高い」危険な状態であることは推理できたのではないでしょうか。こうしたことから，Überschwemmungが「洪水」のような水の災害であることは予想できるはずです。

またドイツ語の文章では，同じ単語の繰り返しを避けようとする傾向があります。ここでは「予報(die Vorhersage, -n)」の前に「結果(das Ergebnis)」という表現も使われていますね。

### CD1-6【練習問題2】

　　Seit mehr als einem Jahr nutzt Peter Kern das Internet für Online-Talks. In unterschiedlichen Abständen nimmt er an Gesprächsrunden teil, manchmal alle paar Tage eine halbe Stunde lang, manchmal eine ganze Nacht lang. Die Diskussionsthemen sind weit gestreut.

　　Höflichkeit wird auch bei den Online-Chats sehr groß geschrieben. Kaum einer betritt oder verlässt den eigentlich anonymen Gesprächsraum ohne einen freundlichen Gruß. Peter Kern vergleicht den elektronischen Plausch mit einer Kneipe: Dort wisse man auch nicht im Voraus, worüber man sich unterhalten wird.

**問**　インターネットでのチャットを楽しむ際に重要なことは何でしょうか。

**訳**　1年以上前からペーター・ケルンはオンラインでのおしゃべりを楽しむためにインターネットを利用している。会話に参加するのに決まった時間があるわけではなく，ときには数日ごとに半時間ほど，ときには一晩中といった具合だ。話のテーマはさまざまだ。

　　礼儀正しさはオンラインでのチャットでも重要視されている。本来匿名の空間であるチャットルームに入ったり出るときに，きちんとあいさつしない人はほとんどいない。ペーター・ケルンは電子おしゃべりを飲み屋と比べている。ここでもやはり何のテーマについて話すことになるのか，前もって分からない，というのだ。

**解説**　この文章は特定の問題を深く掘り下げるタイプではなく，話題のさまざまな側面を点描するスタイルを取っています。そんな中から，問に即している箇所

を素早く見つけることが必要です。重要だ，という場合に，groß geschrieben werden「大文字で書かれる＝重要視されている」という表現があることを知っていれば簡単ですが，知らなくても，それに続く文から推理できれば理想的です。

　読解のテクニックとして，分からない単語や表現に出会ったら，場合によっては無視してみましょう。この文章に出てくる Plausch という語を知っている方はほとんどいないと思います。知らなくても，前後で会話がテーマになっていること，「電子の(elektronisch)」という形容詞が付いていることからコンピューターにかかわることであることが推測できます。1対1で対応する訳語を考えずに，おおよその意味をつかめばいいのです。ちなみに der Plausch は主にドイツ語圏南部で「おしゃべり」の意味で使われます。

### CD1-7 【練習問題3】

<u>Was gewinnt die einzelne Hochschule, wenn sie sich die Studenten selbst auswählen kann?</u> Erstens wird damit ein Wettbewerb der Hochschulen, vor allem der Fakultäten und Fachbereiche untereinander in Gang gesetzt. Zweitens könnte auch eine stärkere personelle Verantwortung eines jeden Professors für den einzelnen Studenten initiiert werden. Denn er hat ihn ja selbst mit ausgewählt. Schließlich muss die Hochschule an Studenten interessiert sein, die in der Lage sind, ihr Studium in möglichst kurzer Zeit abzuschließen.

**問**　下線部の意味は，「もし大学が自分で学生を選べるようになったら，大学にとってどんなメリットがあるのか？」です。筆者は，どんなメリットがあると考えていますか？簡潔にまとめなさい。

**訳**　もし大学が自分で学生を選べるようになったら，大学にとってどんなメリットがあるのか？　まず第一に，大学間の，とりわけ学部・専門領域間の競争が始まる。第二に，学生一人一人に対する教授各人の人事上の責任もより大きくなるだろう。学生の選抜に教授自身も加わることになるのだから。そして最後に，大学は，できる限り短期間で大学での学業を終えることができるような学生に，関心を持つに違いない。

**解説**　ドイツの大学でもさまざまな問題が起こっています。例えば，学生数の増加による大学のマスプロ化の問題，いったん入学した学生がなかなか卒業せずに居座ってしまう問題，あるいは卒業後の就職難の問題等々。これらの問題に対して，各州では，入学者数 —— 最近では，特に外国人の —— を制限したり，修業年限を設けてそれを超えて在籍する学生からは学費を取ったりする措置を検討したり，すでに導入しています。上の文章は，こうした大学改革に関する議論の一つ

で，入学試験を導入したらどうかという議論の一節です。冒頭の疑問文 Was gewinnt ...? に対して考えうる答えが，erstens ... zweitens ... schließlich ... 「第一に〜第二に〜最後に〜」と列挙されています。これは，理由・結果・論点・論拠等を列挙するときに用いられる代表的な表現です。問に対する答えは，この三つの点をまとめれば結構。

CD1-8【練習問題4】

　　Es gibt kaum ein Märchen, das völlig negativ ausgeht. Gerade dies macht Märchen so sympathisch. Sie vermitteln Hoffnung, ohne die menschliches Leben nicht möglich ist; insofern bilden sie auch eine Lebenshilfe. Allerdings bleibt für das Märchen eigentümlich, dass — im Unterschied zu biblischen Erzählungen — der letzte Grund der Hoffnung nicht angegeben wird.

問　メルヒェンと聖書の物語の類似点，相違点は何ですか？

訳　全く否定的な結末を持つメルヒェンというのは，おそらく存在しないだろう。メルヒェンに好感が持てるのも，まさにこのためである。メルヒェンは希望を与えてくれる。希望がなければ人は生きていけないのであるから，その限りでメルヒェンは人生の介助者でもある。ただし，メルヒェンに特有なのは，聖書の物語とは違って，希望の最終的な根拠が示されない点である。

解説　生きる希望を与えてくれるという意味では，メルヒェンは聖書の物語と同じ機能を持ちます。しかし，聖書ではその希望はあくまでも信仰（神）から生まれるものであるのに対して，メルヒェンではその希望がどこから生まれるのか明示されない点が異なる，ということを allerdings 以下で付け加えています。前に述べた発言内容に「ただし〜」と制限を加えるのが allerdings です。たった一語ですが，これを読み落としてしまうと，大変なことになります。要注意！

CD1-9【練習問題5】

　　Das Museum im Andreasstift zeigt die vollständige Sammlung von mehr als sechshundert Lutherschriften. Dazu passt es, dass jetzt ein spanischer Theologe in der Landesbibliothek in Stuttgart unter 14000 alten Folianten ein kleines Buch gefunden hat, das dort zweihundert Jahre unentdeckt lagerte und nun zu einer Weltsensation wurde: die private Bibel des mutigen Kirchenmannes Martin Luther, die ihn sein Leben lang begleitet hat. Er trug sie im Gepäck. Oft war sie in den Falten seines Gewandes verborgen.

51

問　下線部の，シュトゥットガルトの州立図書館で発見された「小さな本」とは何の本ですか？

訳　アンドレーアス修道院の博物館には，600を超えるルターの著作の完全なコレクションが展示されている。あるスペインの神学者が昨今，シュトゥットガルトの州立図書館で，14000冊の古い二つ折り本の中から一冊の小さな本を発見したのは，このコレクションにとっては願ってもないことであった。200年間人目に触れずにこの図書館に保管され，今や世界の耳目を集めているこの小さな本とは，勇敢な教会人マルティン・ルター自身が使っていた聖書で，彼はこの聖書を生涯携えていた。手荷物の中に入れて運んだこともあれば，法衣の襞の中にこっそり潜ませていたこともあった。

解説　間に関係文が挿入されてはいますが，ein kleines Buch = die private Bibel des mutigen Kirchenmannes Martin Luther という関係を見抜くことが大切です。そして，これを見抜くための目印が，コロン „:" (Doppelpunkt) です。コロンは，前に述べた語句を別の言葉で言い換えたり，さらに詳しく説明したり，あるいは，前に述べた事柄の具体例を挙げたりするときによく使われます。

　独検に限らず，中・上級レベルの長文を読み解いていくためには，マルティン・ルター，宗教改革，新約聖書の（ギリシャ語からの）ドイツ語訳といった，ドイツ史やドイツ文化史について語るときによく出てくる重要な人名，地名，歴史的事件などについても普段から関心を持ち，頭に入れておく必要があります。

**CD1-10【練習問題6】**

Das Burgtheater übersiedelte 1888 an seinen jetzigen Ort an der Wiener Ringstraße, in einen Bau der Architekten Gottfried Semper und Karl von Hasenauer. Der aus Hamburg nach Wien als kaiserlicher Architekt berufene Semper ist außer für das Burgtheater nicht zuletzt für die nach ihm benannte Semper Oper in Dresden bekannt.

問　訳してみましょう。

訳　ブルク劇場は，1888年に，ウィーンの環状道路沿いにある今の場所に移った。その建物は，建築家ゴットフリート・ゼンパーとカール・フォン・ハーゼナウアーによって建てられたものである。帝国建築家としてハンブルクからウィーンへ招聘されたゼンパーは，ブルク劇場のほかには，なんといっても彼にちなんで名付けられたドレースデンのゼンパー・オーパーで有名である。

解説　冠詞（場合によっては無冠詞のこともある）と名詞の間にかなり長い修飾語

句が挿入されることがあります。この修飾語句は「冠飾句」といい，過去分詞，あるいは現在分詞〈不定詞＋d〉（あるいは，現在分詞をもとにした未来分詞〈zu＋現在分詞〉）などを核として作られており，関係文で言い換えることができます。

　上の文章では，der aus Hamburg nach Wien als kaiserlicher Architekt berufene Semper と die nach ihm benannte Semper Oper が注意すべき箇所です。最初は berufen「任命する，招聘する」の過去分詞，二つ目は benennen「名前を付ける」の過去分詞が核となっています。berufene，benannte と -e が付いているのは，形容詞の語尾変化をしているからです。それぞれ関係代名詞を使って書き換えると次のようになります。

　der aus Hamburg nach Wien als kaiserlicher Architekt berufene Semper
　＝ der Semper, der aus Hamburg nach Wien als kaiserlicher Architekt berufen wurde
　die nach ihm benannte Semper Oper
　＝ die Semper Oper, die nach ihm benannt wurde

このように，核になる過去分詞が他動詞の場合は受動的に，次の例文のように自動詞の場合は完了の意味で能動的に訳せばよいのです。

　Die Fahrgäste, die aus dem mit 3 Stunden Verspätung angekommenen Zug ausstiegen, sahen alle müde aus.
　　aus dem mit 3 Stunden Verspätung angekommenen Zug
　　＝ aus dem Zug, der mit 3 Stunden Verspätung ankam
　3時間遅れで到着した列車から降りてきた乗客たちは，皆疲れた様子だった。

現在分詞を核とした冠飾句の場合は，次のように「～している，しつつある」という意味になります。

　Unter den auf der Schiller-Straße demonstrierenden Leuten waren auch Karin und Herbert.
　　シラー通りをデモしている人たちの中には，カーリンとヘルベルトもいた。

未来分詞の場合は，次のように「～されうる，～されるべき」の意味になります。

　Die Regierung steht einigen nicht leicht zu lösenden Problemen gegenüber.
　　政府は，容易には解決されえないいくつかの問題に直面している。

Das sind die in der Jugend zu lesenden Bücher.
これらは，青年期に読むべき本である。

#### CD1-11 【練習問題 7】

Die psychologischen Probleme des Heranwachsens sind vielfältig. Das Kind muss narzisstische Enttäuschungen, das ödipale Dilemma und Geschwisterrivalitäten überwinden, es muss sich aus kindlichen Abhängigkeiten lösen und Selbstbewusstsein, Selbstwertgefühl und moralisches Pflichtbewusstsein erwerben. Um diese Probleme zu meistern, muss es verstehen, was in seinem Bewusstsein vorgeht, damit es auch mit dem zurechtkommt, was sich in seinem Unbewussten abspielt.

**問** 訳してみましょう。

**訳** 成長過程での心理的問題は多種多様である。子どもは，ナルシストが味わう幻滅やエディプス・コンプレックスによるジレンマ，兄弟間の確執を克服しなければならないし，幼年期の依存心を棄て，自意識を確立し，自己の価値を認め，道徳的な責任感を持たなければならない。これらの問題を克服するために，子どもは，自分の意識の中で起こっていることを理解しなければならないが，これはまた，自分の無意識の世界とうまく折り合っていくことにもつながるのである。

**解説** ブルーノ・ベッテルハイムの『昔話の魔力』からとった文章です。ベッテルハイムはフロイト派の精神分析学者なので，「エディプス・コンプレックス」「意識」「無意識」など難しい専門用語が並んでいますが，今ここで特に注意していただきたいのが，後半に 2 回登場する was の用法です。「～するもの，こと」を意味する「不定関係代名詞 was」は，最初の例のように先行詞を取らない場合と，二つ目の例のように先行詞（das の 3 格 dem）を取る場合があります。先行詞を取る場合には，das, etwas, alles, nichts, または das Wichtigste のように中性で名詞化された形容詞を先行詞とします。

さらに，前文の文意を受ける用法のほかに，

Was mich betrifft, ich bin / bin ich mit seinen Leistungen nicht zufrieden.
　私としては，彼の仕事に満足はしていない。
Was noch schlimmer war, es hat angefangen zu regnen.
　さらに悪いことには，雨が降りだした。

のような慣用表現もあります。

was が出てきたら，どの用法なのか慎重に考える必要があります。なお，下から 2 行目の damit は，「～するために」を意味する従属の接続詞です。

# 練習問題 ——第2部

第2部では，実践さながらの長文にチャレンジして，文法の章と本章でこれまで学んできたことを再確認しましょう。

**CD1-12**

### 【長文問題1】
次の文章を読み，下の問に答えなさい。

　Neuer Streit über Zusammenhang von Salz und Gesundheit: Mediziner der University of Toronto widersprachen jetzt im „Journal of the American Medical Association" der gängigen Empfehlung, mit weniger Salzkonsum das persönliche Risiko für Bluthochdruck zu senken. Eine Analyse von 56 klinischen Studien aus den letzten zwanzig Jahren habe gezeigt, dass Salz bei gesunden Menschen den Blutdruck nur unwesentlich beeinflusse. Nur bei älteren Menschen, die bereits an hohem Blutdruck leiden, sei ein deutlicher Effekt auszumachen.

　Britische Forscher dagegen kamen in einer im Fachblatt „British Medical Journal" veröffentlichten Studie erneut zum entgegengesetzten Schluss: Hoher lebenslanger Salzkonsum sei für zahlreiche Herzinfarkte und Schlaganfälle verantwortlich.

**問** 下の1～6の日本語の文のうちから，本文の内容とほぼ一致するものを2つ選びなさい。
1　トロント大学の医師たちは，塩と健康の関連性についてお互いに論争し合っている。
2　トロント大学の医師たちが勧めるのは，塩分の摂取をひかえて高血圧を防ぐことである。
3　トロント大学の医師たちによる過去20年間の臨床研究の分析によると，健康な人の場合，塩分の摂取と血圧の間には大した関係はない。
4　既に高血圧を患っている比較的年輩の人の場合には塩分の摂取も血圧に影響を与えない，というのが通説である。
5　イギリスの研究家たちは，この通説に異議を唱えている。
6　イギリスの研究家たちによれば，心筋梗塞や卒中の数多くが，長年にわたる塩分の多量摂取に起因している。

**大意**　一般には，塩分の摂取量をひかえて高血圧を防ぐように言われているが，この通説に対してトロント大学の医師たちが異議を唱えた。彼らによれば，健康

な人の場合には塩分と血圧との間には大した関係がない。両者の間にはっきりとした関係が認められるのは，既に高血圧を患っている年輩の人だけである。この見解に対して，イギリスの研究家たちは，心筋梗塞や卒中の数多くが長年にわたる塩分の多量摂取に起因している，との反対の結論を出した。

**解説** この文章の論旨をつかむには，「対立」を意味する言葉に注目することです。まず冒頭の1行目から Streit「争い，論争」という単語が登場します。さらに，2行目に widersprachen < widersprechen「異論を唱える，反論する」，第2段落1行目に dagegen「それに反して，それに対立して」，同2行目には entgegengesetzt「反対の，対立した，逆の」という単語が出てきます。

ところで，この論争のテーマですが，第1段落1行目に明示されているように，「塩と健康の関係について」です。論争というからには，誰かと誰かが論争するわけですが，上の文章に登場するのは「トロント大学の医師たち」と「イギリスの研究家たち」です。ここで少々注意が必要です。「トロント大学の医師たち」は widersprachen の主語で，動詞 widersprechen は3格をとって「〜に異論を唱える，反論する」と使います。したがって，トロント大学の医師たちが直接意義を唱えているのは，die gängige Empfehlung「一般に行われている助言」，つまり「通説」に対してです。そしてこの「通説」の具体的な内容は，mit から始まる zu 不定詞によって説明されています。

では，トロント大学の医師たちの見解は，一体どこに書いてあるのでしょうか？ Eine Analyse からこの段落の最後まで読んで，habe, beeinflusse, sei という動詞の形に「おやっ？」と思ったらもうしめたものです。3人称単数の Eine Analyse が主語なのに habe とは？ これは，【文法のまとめ・3】で触れた間接話法で，ここにトロント大学の医師たちの見解が間接的に引用されているわけです。

このトロント大学の医師たちの見解に反して（dagegen），イギリスの研究家たちは逆の（entgegengesetzt）結論に達した，と第2段落は始まります。in einer im Fachblatt „British Medical Journal" veröffentlichten Studie の箇所は少々複雑ですが，in einer Studie の einer と Studie の間に過去分詞 veröffentlicht を核とした冠飾句が挿入されていることが見抜ければOK。もう一度，練習問題第1部【練習問題6】の解説を参照してください。そして，イギリスの研究家たちの結論というのは？ Schluss のあとのコロンに注目しましょう。彼らの結論は，練習問題第1部【練習問題5】の解説でも述べた通り，このコロン以下にまとめられているのです。

[答え] 3と6

CD1-13【長文問題2】

次の文章を読み，下の各問に答えなさい。

Wie schwierig es offenbar für Nichtraucher ist, 1)sich den durch Rauchen verbreiteten Schadstoffen zu entziehen, macht eine Studie deutlich, deren erste Ergebnisse jetzt im „Journal of the American Medical Association" veröffentlicht wurden. Insgesamt wurden ( a ) dem Test 9769 Amerikaner untersucht. Bei 88 Prozent aller Nichtraucher waren dabei Spuren von Kotinin, einem Abbauprodukt des Nikotins, 2)im Blut nachweisbar. Dabei hatten über die Hälfte der Betroffenen angegeben, weder im Beruf ( b ) zu Hause ständig mit Rauchern zusammen zu sein. Weiteres Ergebnis der Studie: 43 Prozent aller Kinder ( c ) Alter zwischen zwei Monaten und elf Jahren 3)sind in der häuslichen Umgebung Tabakrauch ausgesetzt. Etwa 3000 nichtrauchende Amerikaner, so schätzt die US-Umweltbehörde, sterben jährlich als Opfer des „Passivrauchens" ( d ) Lungenkrebs.

問1　空欄 (a) ～ (d) に入れるのに最も適当なものを，下の1～4のうちから選びなさい。

(a) 　1　auf　　　　2　mit　　　　3　bei　　　　4　an
(b) 　1　noch　　　2　oder　　　 3　als　　　　4　wie
(c) 　1　mit　　　　2　für　　　　3　am　　　　4　im
(d) 　1　für　　　　2　von　　　　3　an　　　　4　mit

問2　下線部1) ～ 3) の内容として最も適当なものを，下の1～4のうちから選びなさい。

1)　1　durch Rauchen verschiedene Schadstoffe einzuatmen
　　2　sich von den giftigen Stoffen, die beim Rauchen entstehen, fernzuhalten
　　3　zu vermeiden, im mit Rauch angefüllten Raum zu ersticken
　　4　zu vermeiden, durch Rauchen giftige Stoffe zu verbreiten

2)　1　von Blut zu befreien
　　2　aus dem Blut zu beseitigen
　　3　im Blut abgebaut
　　4　im Blut zu finden

3)　1　sind zu Hause ohne Schutz vor Tabakrauch
　　2　rauchen manchmal zu Hause

3 bleiben draußen, wenn jemand zu Hause raucht
4 sind zu Hause vor Tabakrauch geschützt

問3 上の文章のタイトルとして最も適当なものを，下の1～4のうちから1つ選びなさい。
1 Rauchen und Gesundheit
2 Alle rauchen mit
3 Rauchen, eine in der ganzen Welt verbreitete Gewohnheit
4 Gefährlichkeit des Rauchens

**大意** アメリカ人を対象としたある調査・研究で，喫煙によって生じる有害物質から逃れることの難しさが明らかとなった。非喫煙者の88パーセントの血液中から，ニコチンの分解物質が検出された。しかも，彼らの半数以上が，職場でも家庭でも，いつも喫煙者と一緒にいるわけではない。さらに，生後2カ月から11歳までの子どもの43パーセントが，タバコの煙を吸わざるをえない家庭環境にある。こうした間接的な喫煙で，アメリカでは，毎年約3000人の非喫煙者が肺癌にかかり死んでゆく。

**解説** 問1の(a), (c), (d)は前置詞の問題，(b)は【文法のまとめ・1】の⑦に挙げた熟語的表現 weder A noch B「AでもなくBでもなく」の noch を問う問題です。(a)は「その検査で，その検査の際に」という意味で，時間を表す bei が答えとなります。(c)の，名詞 Alter を用いた im Alter ...「～の年齢の，～の年齢で」という表現は，決まった言い方として覚えましょう。「3歳で私はバイオリンを習い始めた」は，この表現を使って Im Alter von 3 Jahren habe ich begonnen, Geige zu lernen. と独訳できます。また，Alter を使わなければ，Mit 3 Jahren habe ich begonnen, Geige zu lernen. とも訳せます。(d)は3の an が答えです。文法の章でも出てきた「つまずき，苦労の an」で，an Krebs sterben「癌で死ぬ」，an einer Krankheit / an Asthma leiden「病気にかかっている・喘息に苦しんでいる」，an Grippe erkrankt sein「流感にかかっている」のように使います。

問2の1)ではまず，sich$^4$ et$^3$/j$^3$ entziehen「～を避ける，～から逃れる」がポイントになります。ziehen の基本的意味「ひっぱる」に，前綴り ent- が持つ「除去，離脱」の意味を付け加えれば，自ずと上の意味が出てきます。なお，3格には「～に」を表す3格（与格の3格）と，「～から」を表す3格（奪格の3格）があることも，ここで確認しておきましょう。den durch Rauchen verbreiteten Schadstoffen = den Schadstoffen, die durch Rauchen verbreitet wurden, の関係は，練習問題第1部の【練習問題6】で説明した通りです。2)では，形容詞 nachweisbar に注意しましょう。接尾辞 -bar には「～できる（可能），～され得る

（受動＋可能）」の意味があります。nachweis は動詞 nachweisen「証明する，検出する」から来ているので，結局 nachweisbar で「検出される，見出される」となり，答えは 4。3) のポイントは ausgesetzt ＜ aussetzen「さらす」です。Tabakrauch には冠詞が付いていませんが，これが 3 格で，下線部 3) は全体として「家でタバコの煙にさらされている」という意味ですから，答えは 1 となります。

　ところで，この文章のキーワードは何でしょうか？　「鍵っ子」に関する文章を例に説明したように，繰り返し登場し，特に強調されている語（句）がたいていキーワードです。この文章では，Nichtraucher です。Nichtraucher という形では 2 回しか出てきませんが，nichtrauchende Amerikaner や Kinder im Alter zwischen zwei Monaten und elf Jahren も Nichtraucher の一部であることは容易に理解できるはずです。この Nichtraucher たちが，Raucher のまき散らすタバコの煙から有害物質を吸い込み，生死にかかわる危険にさらされている，というのがこの文章の大雑把な内容ですから，問 3 の答えは 2 です。選択肢 3 は文章の論旨から大きくはずれていますし，1 と 4 ではあまりにも一般論過ぎて，特に Nichtraucher の健康，彼らが直面している危険がテーマになっていることが分かりません。

[答え]
問 1.　(a) 3　(b) 1　(c) 4　(d) 3
問 2.　1) 2　2) 4　3) 1
問 3.　2

**CD1-14【長文問題 3】**

　次の文章を読み，下の問に答えなさい。

　Bier ist flüssiges Brot, sagt der Volksmund und trifft damit genau ins Schwarze. Denn Backen und Bierbrauen gehören historisch zusammen wie Pech und Schwefel.

　Bier und Brot kommen aus derselben Familie und haben deshalb viele Gemeinsamkeiten: Beide haben eine über 8000-jährige Geschichte! Und auch ihre Inhaltsstoffe sind identisch: Getreide und Wasser. Beide werden zu einem Gärungsprodukt verarbeitet. Auch ihre Geburtsstätten liegen bei den Kulturvölkern zwischen Euphrat und Tigris, den Sumerern und Babyloniern.

　Die ersten Bäcker backten einen Brei aus zermahlenen Körnern auf heißen Steinen und verfeinerten ihn mit dem neu erfundenen Sauerteig. Diese Rezeptur gelangte über Griechenland und das alte Rom zu den Germanen. Ebenso die Kunst, Bier zu brauen.

　So nimmt man an, dass das Wort Bier seine sprachlichen Wurzeln sowohl im lateinischen „bibere" (trinken) hat, wie auch germanischer Abstammung ist und aus den Wörtern brauen, brodeln oder Brot hervorgegangen ist.

Die gemeinsame Geschichte reicht bis ins späte Mittelalter, wo die Bäcker es waren, die das Bier brauten.

問　下の1〜8のドイツ語の文のうちから，本文の内容とほぼ一致するものを3つ選びなさい。

1　Man sagt treffend, dass Bier flüssiges Brot ist.
2　Früher gab es nur schwarzes Bier und schwarzes Brot wie Pech.
3　Bier und Brot wurden von derselben Familie hergestellt.
4　Sowohl Bier als auch Brot werden aus Getreide und Wasser hergestellt.
5　Getreide und Wasser, aus denen Brot gemacht wird, stammen aus dem Gebiet zwischen Euphrat und Tigris.
6　Die Kunst zu backen kam auf dem Luftweg zu den Germanen.
7　Das Wort Bier stammt nicht aus dem Lateinischen.
8　Im späten Mittelalter brauten die Bäcker das Bier.

**大意**　「ビールは液体のパンである」と俗に言われているが，これは両者の緊密な関係を考えれば，実に真実を言い得ている。ビールとパンは，ともに8000年を超える歴史を持ち，同じ原料を発酵させて作り，起源も同じチグリス・ユーフラテス河間の地域である。パンの作り方とビールの醸造の仕方は，同じようにギリシャ，ローマを経てゲルマン人に伝えられたため，Bierという単語は一方ではtrinkenを意味するラテン語に，他方ではまたbrauen, Brotといったゲルマン語にも由来すると信じられている。ビールとパンは，中世後期まで同じ歴史を辿ることになる。

**解説**　第1段落で特に難しいのは，色を使った慣用的表現 ins Schwarze treffen「正鵠を射る，核心・急所を突く」でしょう。こうした表現は覚えていないとどうにもなりませんが，独検準1級のレベルでは，それほど出題頻度は高くないようです。「黒」を使った表現としては他に，aus Schwarz Weiß machen「黒を白と言いくるめる，無理な理屈を押し通そうとする」，schwarz auf weiß「（はっきりと）文書で」などが代表的です。wie Pech und Schwefel も決まった言い方です。wie Pech und Schwefel zusammengehören で「緊密な関係にある，離れ難く結び付いている」といった意味です。

さて，第1段落で文章全体のテーマ「ビールとパンの密接な関係」が提示されたあと，第2段落以降はこのテーマについてさらに具体的に話が進んでいきます。文章の構成方法としては，まず具体的な事例を列挙していき最後に結論をまとめ

る仕方と，この文章のように，まず結論を言い切ってしまってから，具体的に話を進めてその結論を論証していく仕方と，大きく二つあります。

　第2段落は，Bier und Brot を beide と ihr で受けていく点に注意すれば，それほど難しくはありません。ただし，Beide werden zu einem Gärungsprodukt verarbeitet. の beide だけは，直前の Getreide und Wasser を受けていると考えなければ，おかしなことになります。「穀物（麦）と水を加工して発酵させる」，という意味です。人称代名詞，所有代名詞（所有冠詞），指示代名詞が受けるものを的確におさえていくことも，論旨を見失わずに長文を読んでいく上で非常に重要な作業です。

　第3段落は，パンの作り方とビールの醸造方法が同じように，ギリシャ，古代ローマ経由でゲルマン人のもとに伝わったことが読み取れればOK。経由の über もよく使う表現です。第4段落の比較的長い文も，【文法のまとめ・1】の③で挙げた sowohl A wie auch B「AもBも」が見抜ければ，読み解けるはず。

[答え] 1，4，8

CD1-15 【長文問題4】
　次の文章を読み，下の各問に答えなさい。

　Wegen seiner Farbe wurde der Planet in vielen Kulturen mit Blut und Feuer in Verbindung (　a　). Von den Römern bis zu den Wikingern wurde er als Gott des Krieges gefürchtet oder verehrt. Die Babylonier (　b　) den Mars für den Wohnsitz von Nergal, jenem schrecklichen Gott, der Tod und Pest über die Menschen brachte. Leuchtete der rote Wandelstern besonders hell am Himmel, war großes Unglück zu erwarten — so weissagte es eine babylonische Keilschrifttafel.

　Als Unheilsbringer galt der Planet bis ins Mittelalter. „Der Mars beherrscht Katastrophen und Kriege", (　c　) in einer deutschen astrologischen Handschrift (　A　) dem 15. Jahrhundert. „Von cholerischer Verfassung, beeinflusst er insbesondere Angehörige des männlichen Geschlechts im Alter von 42 bis 57 Jahren."

　Im Zeitalter der Aufklärung 1)wandelte sich die Art der Bedrohung, die vermeintlich von dem Nachbarplaneten ausging. (　B　) die Stelle von Kriegsgöttern und unheilvollen Kräften traten nun (　C　) einmal überlegene Marswesen, von denen man annahm, sie seien den Erdenmenschen in ihrer Entwicklung weit voraus.

　Immanuel Kant etwa war überzeugt, 2)dass die geistigen Fähigkeiten mit zunehmendem Abstand vom Zentralgestirn rasch ansteigen; der sonnenfernere Mars, schloss der Philosoph messerscharf, sei mithin von „vollkommeneren Wesen" bewohnt als die Erde.

問1 空欄（a）～（c）に入れるのに最も適当なものを，下の1～4のうちから選びなさい。

(a) 1 getreten   2 gestanden   3 gebracht   4 gesetzt
(b) 1 hielten    2 fanden      3 dachten    4 sahen
(c) 1 schreibt   2 sitzt       3 liegt      4 steht

問2 空欄（A）～（C）に入れるのに最も適当なものを，下の1～4のうちから選びなさい。

(A) 1 mit   2 aus   3 bei   4 auf
(B) 1 In    2 Für   3 An    4 Durch
(C) 1 auf   2 in    3 zu    4 aus

問3 下線部1），2）の内容として最も適当なものを，下の1～4のうちから選びなさい。

1) 1 fühlte man eine andere Bedrohung vom Mars als bisher
   2 fühlte man eine Art Bedrohung, weil sich der Mars der Erde näherte
   3 stellte sich heraus, dass die bisherige Bedrohung nicht vom Mars ausging
   4 ging das Gerücht, dass man die Bedrohung vom Mars vermeiden kann

2) 1 dass sich die geistigen Fähigkeiten des Menschen rasch entwickelten, obwohl die Erde weit entfernt von der Sonne ist
   2 dass die geistigen Fähigkeiten des Menschen aus der Sonne hervorgegangen und immer höher geworden sind
   3 dass die geistigen Fähigkeiten eines Menschen desto höher sind, je breiter seine Stirn ist
   4 dass die geistigen Fähigkeiten eines Wesens desto höher werden, je ferner der von ihm bewohnte Stern von der Sonne ist

大意　火星は，色が赤いためしばしば「血」あるいは「火」と関連づけられてき

た。火星は，ローマ人やヴァイキングからは戦いの神として恐れられ崇拝され，バビロニア人からは，人類に死とペストをもたらす恐ろしい神，ネルガルの住む場所と考えられていた。バビロニアの楔形文字で書かれた予言や，15世紀ドイツの占星術の写本にも記されているように，火星は中世までは不幸や災厄をもたらす星と考えられていた。

「火星から受ける脅威」も時代とともに変質し，啓蒙の時代には人々は，人類よりもはるかに進んだ火星人の存在を信じた。例えば，イマヌエル・カントは，太陽から遠くなればなるほど精神的な諸能力は急速に高まると考え，太陽から（地球よりも）より遠い火星には，人類よりもより完全な火星人が住んでいると確信していた。

**解説** 問1の(a)は，bringen を使った熟語的表現に関する出題です。j$^4$/ et$^4$ mit et$^3$ in Verbindung bringen で「～を～と関連づける，関係があるとみなす」という意味です。なお，名詞 Verbindung を使った熟語的表現にはさらに，mit j$^3$ in Verbindung treten「～と接触する，関係を持つ」，sich$^4$ mit j$^3$ in Verbindung setzen「～と連絡を取る」，mit j$^3$/ et$^3$ in Verbindung stehen「～と関係がある」などがあります。(b)はよく使う表現で，A für B halten（B は名詞，あるいは形容詞）で「A を B とみなす，思う」という意味。A für/als B ansehen（B は名詞，あるいは形容詞）でも同じ意味になります。(c)は「～に書いてある，載っている」というときの stehen です。in der Zeitung / auf der Liste / auf dem Programm stehen「新聞に /リストに / プログラムに載っている」はしっかり覚えておきましょう。

問2は前置詞の問題です。(A)には「出身，出所」の aus が入ります。Am Marktplatz steht eine Kirche aus dem Mittelalter.「中央広場に面して，中世の教会が建っている」や Ich komme aus Berlin.「私はベルリン出身です」の aus と同じです。(B)には an が入り，an Stelle von ... で「～の代わりに」を意味します。同じ意味を表す前置詞で，anstelle [an Stelle] j$^2$/ et$^2$ というのもあります。(C)に入るのは auf で，auf einmal「急に，突然，一気に」という意味になります。これは決まった熟語的表現です。

問3の1)では，der Nachbarplanet が火星を受けていることを見抜くのが大切です。上の文章のキーワードは火星ですが，この火星 der Mars が，der Planet, der rote Wandelstern, der Nachbarplanet と言い換えられています。日本語で文章を書くときもそうですが，あまり同じ単語ばかり繰り返し使うと，文章が稚拙になってしまいます。ドイツ語の文章を読むときも，同じ意味を表す（同じものを指す）単語（語句）には注意しましょう。2)で，das Zentralgestirn が太陽を意味していることは，すぐ後に出てくる形容詞 sonnenfern から推測できるはずです。2)を解くには，セミコロン以下の文が大きなヒントになります。設問の箇所だけでなく，その前後もよく読みましょう。さらに，太陽系の惑星を太陽に近いものから順に

並べると水星，金星，地球，火星，木星，土星…となることが分かっていると，2)はいっそう解きやすくなります。

　ドイツ語圏や世界でのアクチュアルな話題やニュースから長文問題が出題されることがよくあります。今どんなことがドイツ語圏や世界で起こり，議論されているのか，日本語の新聞で結構ですから，普段から目を通して情報を仕入れておくことも大切です。

[答え]
問1．(a) 3　(b) 1　(c) 4
問2．(A) 2　(B) 3　(C) 1
問3．1) 1　2) 4

CD1-16
【長文問題5】
次の文章（作曲家シェーンベルクと画家カンディンスキーの書簡）を読み，下の問に答えなさい（昔の手紙ですので旧正書法で書かれています）。

*Schönberg an Kandinsky*

　　　　　　　　　　　　　　　　　　　　　Berg am Starnberger See, 26. 8. 1911

Sehr geehrter Herr Kandinsky,

　herzlichen Dank für Ihre Einladung. Ich kann nur leider diesen Sonntag nicht zu Ihnen kommen, weil ich jetzt augenblicklich nicht für so lange Zeit von meiner Arbeit wegkommen kann. Auch ist meine Frau nicht ganz wohl und deshalb schon konnte ich mich nicht entschließen fortzusein[1]. Deshalb wäre es mir lieb, wenn Sie uns besuchen wollten, wie Sie ankündigen, in der kommenden Woche. In ungefähr einer Woche bin ich mit meiner Arbeit fertig und dann erwidere ich bestimmt Ihren Besuch. Bitte aber: kündigen Sie mir den Tag sobald wie möglich an, damit ich mich einrichten kann. Ich soll in dieser Woche auch einmal nach München, und wenn ich rechtzeitig weiß, wann Sie kommen, kann ich mich leicht einteilen. Ich freue mich schon sehr, Sie kennenzulernen und grüße Sie herzlich

　　　　　　　　　　　　　　　　　　　　　　　　　　　　　Ihr
　　　　　　　　　　　　　　　　　　　　　　　　　Arnold Schönberg


*Kandinsky an Schönberg*

　　　　　　　　　　　　　　　　　　　　　　　　　　　Murnau, Sonntag

Sehr geehrter Herr Professor [Schönberg]!

　Gestern habe ich das Telegramm, heute den Brief erhalten. Vielen Dank! Nach langer Überlegung mußte² ich mich doch entschließen, schon übermorgen (Dienstag) zu Ihnen zu fahren. Diese Woche ist es mir sehr schwer, einen anderen Tag zu wählen. Und bis zur nächsten Woche zu verschieben, wäre es mir zu lang. Es war eben schon früher mit Marcs* verabredet, daß³ wir am Montag hinkommen. So kann ich am Dienstag von da aus fahren und bin mit dem Schiff um 11.40 in Schloß⁴ Berg. Bis 5.35 Uhr würde ich Zeit haben.

Wenn es Ihnen irgendwie unbequem ist, so telegraphieren⁵ Sie bitte ab. Adresse: Marc, Sindelsdorf. Wenn ich morgen dort kein Telegramm erhalte, so fahre ich übermorgen los.

 Mit herzlichsten Grüßen
  Ihr
  Kandinsky

*Marcs: マルク家，カンディンスキーと親交のあった画家一家
新正書法では 1 fort zu sein  2 musste  3 dass  4 Schloss
     5 telegrafieren

問 下の1～9のドイツ語の文のうちから，本文の内容とほぼ一致するものを3つ選びなさい。

1 Schönberg fährt mit seiner Frau zu Kandinsky am Sonntag.
2 Schönberg meint, Kandinsky dürfe direkt zu ihm kommen, ohne sich im Voraus anzumelden.
3 Kandinsky und Schönberg haben sich noch nicht persönlich kennen gelernt.
4 Schönberg wollte sich mit Kandinsky in München treffen.
5 Wegen der Arbeit und der Krankheit der Frau kann Schönberg nicht zu Kandinsky nach Murnau fahren.
6 Weil Schönberg selbst schwer krank ist, kann er nicht zu Kandinsky fahren.
7 Schönberg möchte Kandinsky am Sonntag bei Marcs besuchen.
8 Kandinsky möchte Schönberg am Dienstag in Berg besuchen.
9 Kandinsky fährt nach Berg, wenn er von Schönberg ein Telegramm erhält.

**大意** (シェーンベルクからカンディンスキー宛の手紙)
 あなたの招待はとてもありがたいが，日曜日は都合が悪い。仕事を抱えているのと，妻が本調子でないからだ。次の週にあなたが来てくれるほうがありがたい。今週はミュンヒェンへ行く予定もあるので，いつ来られるかをできるだけ早く知らせてもらえば，時間のやりくりがつく。あなたと知り合いになれるのが今から

楽しみだ。
（カンディンスキーからシェーンベルク宛の手紙）

　昨日電報が届き，今日は手紙が届いた。よく考えた末に，明後日の火曜日にあなたの所へ向かうことにした。今週はほかに都合のつく日はないし，待ち遠しくて1週間先に延ばすこともできない。火曜日にマルク家から出発し，船で11時40分にベルクに着き，5時35分まで時間がある。もし都合が悪ければ，ズィンデルスドルフのマルク宛に電報を打ってほしい。明日月曜日にマルク家に電報が届かなければ，火曜日に出発する。

**解説**　1911年1月2日，カンディンスキーは仲間とシェーンベルクの演奏会を聞きに行き，彼の音楽の中に自分の求めていた音楽を発見しました。それ以降，二人はお互いの芸術を深く理解し合い，親密な交際が続いたのです。

　手紙を読むときには，まず，誰が誰に宛てた手紙かを念頭に置いて，手紙中に出てくる人間関係，場所，時間などを整理しながら，用件をしっかりととらえることです。差出人の住んでいる町，日付がどこに書いてあるか，手紙の出だしの書き方，結び方についても復習しておきましょう。

［答え］3，5，8

# 第3章
# 聞き取り編

Ⅰ◇聞き取り試験のための注意事項────68
Ⅱ◇実践編
　1◇情報のメモを取る────────68
　2◇予想して聞くと…────────70
　3◇接続詞などに注意して──────73
　4◇全体の趣旨を早めに捉え，質問が
　　　どの部分にかかわるのかチェック──76
　5◇文化背景も大切─────────78
Ⅲ◇聞き取り練習問題──────────81

# I. 聞き取り試験のための注意事項

実際の試験で注意すべき点として,次の4つを挙げておきます。

**(1) 問題冊子に書かれている日本語の文章,ドイツ語のテクストをきちんと読む。そこから情報を得る。**

試験が始まると合図がありますので,冊子を開き問題文,それからドイツ語のテクストを読みましょう。場合によっては,答えや質問が予想できることもあります。

**(2) 聞き取った情報をメモする。**

準1級の聞き取り用テクストはまとまった長さがあります。すべてを空で覚えておくことは無理です。自分なりの省略をして聞き取ったことをメモしておきましょう。例えば,„Düsseldorf"という語をメモするとすれば,全部を書いているとテクストの流れから遅れてしまいます。ですから,„Dü"や„Ddf"などと略して書くのです。

**(3) 全体の流れを把握して,細かい部分へと下りていく。**

次のこととも関連するのですが,1つ単語が聞き取れない,質問が分からない,となっても慌てずに,全体から予想したり,想像したりできないか考えてみましょう。

**(4) 1つできなくても,落胆していないで頭を切り替えて次の問題に向けて体勢を立て直す。**

試験では,音源は機械的かつ無情に流れていきます。1つの事柄が分からなくても,落胆したり,慌てたりせずに,次の問題に気持ちを切り替えていきましょう。

# II. 実践編

## ① 情報のメモを取る

準1級になると,2・3級のような数値や都市名を聞き取る,といった初歩的な問題は出されません。しかし,基本的な情報(単語)を聞き取る能力は,やはり大切です。手始めに,年号や時間などを聞き取る練習をしましょう。

また，質問を聞く場合には，はじめに来る疑問詞，動詞が何かをおさえましょう。ワク構造を取ることの多いドイツ語では，最後に重要な情報が来ることが多い点にも注意してください。

## 聞き取り練習（2〜3級レベル） CD1-17

CDでドイツ語の文章を流します。その後，ドイツ語で質問します。その答えとして最も適当な語句を下線部に記入しましょう。問題は3題です。CDは2度聞いてください。

1. Im Jahre __ __ __ __.
2. In _____.
3. _____ _____ _____.

**Text 1**

Ich bin 1975 in München geboren. Nach meiner Geburt ist unsere Familie nach Berlin umgezogen und wohnt seitdem dort. Mein Bruder Thomas ist fünf Jahre jünger als ich und ist in Berlin geboren.

Frage 1: Wann ist Thomas geboren?

**Text 2**

Frau: Entschuldigung, wann fährt dieser Zug ab?
Schaffner: Der Zug fährt um 14.30 Uhr ab.
Frau: Und um wie viel Uhr komme ich in Dortmund an?
Schaffner: Die Ankunft in Dortmund ist um 19.45 Uhr.
Frau: Muss ich irgendwo umsteigen?
Schaffner: Ja, steigen Sie bitte in Mannheim um!
Frau: Hm, wann kommt der Zug in Mannheim an?
Schaffner: Um 15.20 Uhr.

Frage 2: Wo muss die Frau umsteigen?

**Text 3**

Hannes: Hallo, Jutta! Hast du morgen Zeit?
Jutta: Tag, Hannes! Morgen? Da habe ich Zeit. Aber warum?
Hannes: Timo, Stefanie und ich machen morgen eine Radtour bis zum Wannsee.
Jutta: Das ist ja toll! Darf ich dann mitfahren?
Hannes: Ja, natürlich!
Jutta: Wo treffen wir uns? Bei euch?

Hannes: Nein, am besten treffen wir uns vor dem Bahnhof und zwar um 8 Uhr.
Jutta: O. K. Ich bin gespannt!
Frage 3: Wo treffen sie sich?

解答　Frage 1: Im Jahre 1980　　Frage 2: In Mannheim　　Frage 3: Vor dem Bahnhof

## ② 予想して聞くと…

　聞き取りは耳の良さも大切な要素です。でも耳に自信がないという人もがっかりすることはありません。実際に聞き取るには，語彙や文の知識ばかりでなく，さまざまな背景の知識が必要になります。そうした持ち合わせの知識を総動員することで，逆に音として聞き取れなかった語句が，聞こえてくることがあるのです。
　最近の独検準1級では，単語そのものを聞き取る問題は出ていません。実際の聞き取りの場面でも，個々の単語を聞き取る以上に，全体で何を言っているのかを理解することが大切です。つまり，集中すべきは個々の単語ではなく，この先何を言うのかを予想して，先回りして聞くことなのです。
　日本語の場合ですが，腹話術で話す人形の日本語は，あまり明確ではありません。また，唇などの運動に制約があるために，本来の音とは異なった音が発音されていることもあります。例えば，人形のセリフの「おまえはバカだなあ」は，バの音が出せないために，「おまえはダカだなあ」と言っているはずです。しかし，私たちは，前後の脈絡から，「おまえはバカだなあ」としか聞いていないのです。私たちは，人の話を聞くとき，音の情報だけからすべてを聞き取っているわけではなく，むしろさまざまな知識などから先取りしたり，再構成したりしながら理解しているのです。

● Wein か Bein か
　例えば，Wein（ワイン）か Bein（脚）かは，単語だけを発音されても，場合によっては区別できないかもしれません。しかし，文となると分かるはずです。次の下線部に入る言葉は，Wein でしょうか，それとも Bein でしょうか。

　　Jeden Abend trinkt er ＿＿＿＿＿＿＿．

　これは簡単な場合ですね。「飲む」ことが問題になっているのですから，当然ワインの Wein が入るわけです。trinken という動詞が，Bein（脚）が入る余地をなくしています。
　これを逆から考えてみましょう。trinken を聞いた（読んだ）段階で，皆さんは，

その次に何が来るかを予想しているはずです。可能性としては、「何を」飲むか、あるいは「どれくらい？」「どこで？」「なぜ？」などがあります。

Jeden Abend trinkt er | Bier / Wein / Wasser / Apfelsaft ...
　　　　　　　　　　　| zu viel / gar nicht ...
　　　　　　　　　　　| in seiner Wohnung / mit seiner Freundin ...
　　　　　　　　　　　| (,) bevor er ins Bett geht / weil er damit besser einschlafen kann ...

可能性は、こうして見ると無限ですが、「バイン・ヴァイン」という音を聞いた段階で可能な選択肢はぐっとせばまります。Bein, Wein が皆さんの頭に浮かんだはずで、trinken と関連するとなると Wein だけ、となるわけです。これは、ごく簡単な例ですが、複雑になっても、この基本は変わっていないことも多いのです。こうした予測しながら聞くことを、方法として意識することが大切なのです。

●**文法的に予想できる**

まず最初に、文法的に文章の流れが予想できる場合を見ていきましょう。下線部にはどのような語句が入るでしょうか。

Das Konzert findet in der Stadthalle ＿＿＿＿＿.

「コンサートは市のホールで…」で、finden とつながる言葉は…。そう、statt|finden で「開催される」という意味ですから、分離の前綴り statt が入るわけです。これは文法的にこれしか選択肢がない、という場合です。

文法や熟語をしっかり覚えておけば、自分のほうから文の流れが予想できることもあるのです。

**練習**　文法的に予想できる場合です。下線部に入る最も適当な語句は何でしょうか。

(1) Wir nehmen in diesem Sommer am Sprachkurs der Münchner Universität ＿＿＿＿.
(2) Ist der Platz frei? — Ja, bitte, setzen Sie ＿＿＿＿!
(3) Anfangs habe ich seinen Vorschlag für uninteressant ＿＿＿＿.

**解答**　(1) teil (an et$^3$ teilnehmen: 〜に参加する)　(2) sich (sich setzen: 座る)　(3) gehalten (et$^4$ für ... halten: 〜を…とみなす)

## 聞き取り練習 1  CD1-18

CDを聞いて，対義語・類義語に注意しながら聞き取った単語を書き入れてください。

Unsere Zeiterfahrung ist zutiefst von ＿＿＿(a)＿＿＿ und kosmischen Rhythmen bestimmt. Zeit: Das ist der Raum zwischen zwei Schlägen unseres Herzens, zwischen zwei Atemzügen, der Rhythmus von ＿＿＿(b)＿＿＿ und Schlafen, von ＿＿＿(c)＿＿＿ und Sättigung. Zeit: Das ist auch der Rhythmus von Hell und ＿＿＿(d)＿＿＿, von Tag und Nacht, das Spiel von Gezeiten, der Wechsel der ＿＿＿(e)＿＿＿ und Jahre.

**解答** (a) biologischen (b) Wachen (c) Hunger (d) Dunkel (e) Jahreszeiten

●前後のつながりから

あるいは，前後の文脈から決まることもあります。次の文は，下線部に入れる語句にいくつかの可能性があります。

Machen Sie bitte das Fenster ＿＿＿＿＿！

ここでの情報は，「窓を」と動詞がmachenなことです。この段階で入りうる語はかなり限定されます。窓を「開けて」ください(auf|machen)，窓を「閉めて」ください(zu|machen)，窓を「きれいに」してください(sauber machen)，などが，machenとのつながりで想像できるかと思います。

これに文脈が生じると，入りうる語句の可能性は限られます。

Es ist ganz kalt. Machen Sie bitte das Fenster ＿＿＿＿＿！

「とても寒い」と言っているのですから，常識的には窓を「閉めて」欲しいはずです。ですから，

Es ist ganz kalt. Machen Sie bitte das Fenster zu!

となります。
なお，同じような文でも次はどうなるでしょうか。

Es ist ganz kalt. Können Sie bitte das Fenster ＿＿＿＿＿？

答えとしては，もちろんzumachenが考えられます。ただし，今度は「閉める」

という意味の別の動詞，schließen でもいいわけです（もちろん窓を「交換して」という人がいる可能性もないわけではありません。でも可能性としては低いですよね）。

このように，「寒い」「窓を」という断片的な情報から，常識や想像力などを駆使して，さまざまな可能性を念頭に置きながら全体を予想する練習をしていただきたいと思います。

● さまざまな可能性を予測しながら

これまでに挙げた例は，ある程度答えの可能性が限られていました。しかし，実際には，もっと多くの可能性があることがほとんどです。そうしたさまざまな可能性を意識しつつ，先手を取って理解していく訓練をしてください。これは，聞き取りばかりではなく，読解においても重要なテクニックです。

――――― 聞き取り練習2 ――――― CD1-19

次の文の下線部に入れるのに適当な語句は何でしょうか。最初に自分なりに予想していくつかの可能性を書き出してみてください。それから CD を聞いて，語句を書き入れてください。

(1) „Also, was möchten Sie trinken? Bier? Wein?" — „Ich trinke keinen Alkohol. Ich möchte ＿＿＿＿＿＿, bitte!"
(2) „Entschuldigung, ich möchte nach München. Wo soll ich ＿＿＿＿＿＿?"
(3) „Hast du etwas dagegen?" — „Nein, ich bin der gleichen ＿＿＿＿＿＿."
(4) „Können Sie mir bitte sagen, wo ich Geld ＿＿＿＿＿＿ kann?"

解答 (1) Mineralwasser（アルコールの入っていないソフトドリンクですから，他の可能性としては，Apfelsaft, Orangensaft, Kaffee, Tee, Milch, Limonade ... などがありますね）。
(2) umsteigen（ほかには，einsteigen「乗車する」，warten「待つ」など）
(3) Ansicht（「同じ考え・意見です」となるので，Meinung「意見」，Überzeugung「確信」なども入ります。2格であることに注意！）
(4) wechseln（ほかには überweisen「振り込む」，abheben「(預金を) おろす」なども入ります）。

## ③ 接続詞などに注意して

接続詞に注意すると，次の文の流れが予想できることが多いのです。個々の接

続詞については，読解のページを参照してください。特に前に来た文と後に来た文の関係が，「順接」か「逆接」か，には気をつけてみましょう。読解編をもう一度参考にしてください。

**練習** 下線部に入る最も適当な語句を1つ選んでください。

(1) Die Vorspeise war sehr gut, **aber** das Hauptgericht war _____.
　1 entsetzlich　　　　　　　　2 hervorragend
　3 ausgezeichnet　　　　　　　4 preiswert
(2) Die Suppe war ausgezeichnet, **auch** der Fisch war _____.
　1 schrecklich　2 großartig　3 amüsant　4 schlimm
(3) Das Fleischgericht war **zwar** nicht so gut, **aber** die Nachspeise hat gut _____.
　1 geschmeckt　2 gefallen　3 gegessen　4 gepasst
(4) Die Nachspeise schmeckte **nicht nur** sehr gut, **sondern** war **auch** _____.
　1 eine Augenfreude　　　　　2 eine Katastrophe
　3 ein Restaurant　　　　　　4 ein Schwindel

**解答**
(1) 1 (entsetzlich: ひどい)
(2) 2 (großartig: すばらしい)
(3) 1 (geschmeckt: おいしかった)
(4) 1 (eine Augenfreude: 目の楽しみ)

──────聞き取り練習3────── CD1-20

次の文を読んで，下線部に入る単語（1語）を予想してください。次にCDを聞いて，単語を書き入れましょう。

(1) Hier in München hat es geregnet. **Ebenso** hat es in Berlin stark _____.
(1') Hier in München hat es geregnet. **Dagegen** hat es in Berlin _____.
(2) Der Zug hatte eine Betriebsstörung. **Trotzdem** ist der Zug _____ angekommen.
(2') Der Zug hatte eine Betriebsstörung. **Deshalb** ist der Zug _____ angekommen.
(3) **Obwohl** ich ganz fleißig gelernt habe, habe ich bei der Prüfung eine _____ Note bekommen.
(3') **Weil** ich ganz fleißig gelernt habe, habe ich bei der Prüfung eine _____ Note bekommen.

第 3 章　聞き取り編

**解答**　(1)　gegossen（< gießen: 注ぐ　ほかには素直に geregnet などがあります）
(1')　geschneit（es scheint には「晴れる」という意味はありません。Die Sonne scheint.です）
(2)　pünktlich（「定刻に」ほかには rechtzeitig など）
(2')　verspätet（「遅れて」ほかには später など）
(3)　schlechte（eine schlechte Note: 悪い成績　ほかには schlimme, miserable など）
(3')　gute（ほかには wunderbare, hervorragende などの肯定的な形容）

CD1-21
──── 聞き取り練習 4 ────

まず，テキストを読んで，下線部にどんな言葉が入るか（日本語で）予想してみましょう。次に CD を聞いて下線部に語を書き入れてください。

(1) Am Reizwort Tokyo scheiden sich die Geister: **Für die einen** ist es ein seelenloser Moloch, laut und hektisch, ein chaotisches Menschengewimmel, total verwestlicht, voller architektonischer Sündenfälle, unübersichtlich, kalt, abweisend, überteuert in jeder Hinsicht, lärmend, steril. **Für die anderen** ist es eine der _____ Städte der Welt, voller verblüffender Gegensätze, anregend und mitreißend, übersät mit Oasen der Stille, kulturdurchdrungen, den Geist des alten Japan atmend.

(2) Bei Außentemperaturen unter null Grad kommen Sportler nicht so leicht ins Schwitzen und trinken oft zu wenig. Viel Flüssigkeit geht aber über die Lunge verloren. Die Folgen sind erhöhter Puls, Anstieg der Körpertemperatur und geringere sportliche Leistungsfähigkeit. Wintersportler sollten **deshalb** pro Tag _____ zwei Liter _____ als gewöhnlich.

**解答**　(1) interessantesten　（大意）東京という魅力的な言葉をめぐって人々は立場を異にする。かたやうるさくて西洋化されたカオス(混沌)と見る人々。もう一方で，さまざまな要素が混在する世界で最もおもしろい都市の1つと考える人々がいる。
(2) mindestens / mehr trinken　外気温が零度未満だと汗をかかなくなり，水分補給もしなくなる。しかし多くの水分が肺から失われていく。その結果として，脈拍数の上昇，体温の上昇や運動能力の低下などが起こる。それ故ウィンタースポーツをする人は，いつもより多めに1日に最低でも2リットルの水分を補給すべきなのである。

## ④ 全体の趣旨を早めに捉え，質問がどの部分にかかわるのかチェック

これまでは部分ごとの理解を練習してきました。部分ごとに理解するとともに大切なのは，第1に文章なりインタビュー全体の趣旨を捉えることであり，第2に設問がどこの部分にかかわっているのかを把握することです。

### ●全体の論旨や意図ははじめに語られる

ドイツ語の論説文などでは，基本的に最初に大切なことを言ったうえで，その根拠づけを続けるというスタイルが一般的です。

例えば，2011年度の聞き取り第1部の試験問題の冒頭部の2段落は次のようになっていました。読んで，下線部に入る単語が下の4つのどれかを予想してみましょう。

**CD1-22**

Eine Studie bestätigt jetzt, was wir jede Woche aufs Neue erleben. Am Wochenende geht es uns Menschen deutlich besser als an Arbeitstagen. Von Freitagabend bis Sonntag sind wir gehobener Stimmung, fühlen uns lebendiger und werden weniger von Wehwehchen geplagt als unter der Woche. Das gilt für Bauarbeiter genauso wie für Sekretärinnen, Ärzte oder Rechtsanwälte.

„Berufstätige — selbst solche mit interessanten, angesehenen Jobs — sind am Wochenende glücklicher", fasst der Psychologe Richard Ryan das Ergebnis seiner Studie zusammen, die er gemeinsam mit Kollegen von verschiedenen Universitäten der USA durchführte. „Unsere Erkenntnisse zeigen, wie wichtig _____ für das Wohlbefinden jedes Einzelnen ist", sagt Ryan.

1　Arbeit　　　2　Freizeit　　　3　Stress　　　4　Religion

そう，正解は2のFreizeitです。第1段落で「週末」と「平日」では，週末に人々が元気で幸せであることが語られています。そうすると，「個々人の好調のために重要」なのが，週末ののびのびとした雰囲気であることが想像できます。

このように，予想しながら先回りして聞く練習をすることで，より理解力が高まるはずです。同時通訳の人たちも，実践していることなのです。

## ●質問に対応する箇所を探す

　また，聞き取り試験では，質問は読み上げられる文章やインタビューの流れに沿っています。前後が逆になったりはしません。また，質問に対応する文が必ずあり，それが多くの箇所にまたがることはありません。同じ2011年度の出題で見てみましょう。

　まずは質問をチェックしましょう。これは問題用紙に書かれていますので，実際の試験でも問題用紙でチェックできます。

Frage A: Was haben die Probanden der Studie gemacht?
質問A：研究の被験者は何をしましたか？
Frage B: Was war das Ergebnis der Studie?
質問B：研究の結果はどうでしたか？

　そのうえで，CDを2回聞いて（ここでは選択肢の文を聞かずに）答えを考えてみてください。それから，質問文と質問AとBの4つの選択肢を聞いてください。

Frage A: Was haben die Probanden der Studie gemacht?
Frage B: Was war das Ergebnis der Studie?

### トランスクリプション

**CD1-23**

　Die Probanden seiner Studie waren zwischen 18 und 65 Jahre alt und arbeiteten mindestens 30 Stunden die Woche. Drei Wochen lang führten sie eine Art Tagebuch, in das sie dreimal täglich eintrugen, was sie gerade taten, wie sie sich dabei fühlten und wie gestresst sie waren. Ebenso hielten sie körperliche Anzeichen von Stress fest, etwa Kopfschmerzen, Verdauungsprobleme oder Erschöpfung.

　Die Ergebnisse sprechen eine deutliche Sprache: Sowohl Frauen als auch Männer fühlten sich am Wochenende besser — geistig und körperlich. Und das unabhängig davon, wie viel sie verdienten, wie viele Stunden sie arbeiteten, wie gebildet und in welchem Bereich sie tätig waren. Auch Familienstand und Alter spielten keine Rolle.

Frage A: Was haben die Probanden der Studie gemacht?

**CD1-24**

　1　Sie haben Medikamente gegen Kopfschmerzen genommen.
　2　Sie haben circa 30 Stunden pro Woche gearbeitet.
　3　Sie haben Stress-Tests gemacht.
　4　Sie haben eine Art Tagebuch geführt.

Frage B: Was war das Ergebnis der Studie?
1 Frauen fühlten sich am Wochenende besser als Männer.
2 Männer und Frauen fühlten sich am Wochenende besser.
3 Bei Frauen spielte das Alter eine Rolle.
4 Bei Männern und Frauen spielten der Familienstand und das Alter eine Rolle.

いかがですか？　耳で聞いてもわかりませんが，文章として見ると質問Aが最初の段落，質問Bが次の段落とはっきりと区別されて出題されていますね。このように聞き取り試験では，質問の順番に，かつ特定の場所（段落など）を明確に意識して，質問が出されるのです。

●正解を探すには…
　聞き取りで大切なのは，メインとなる情報をしっかりと聞き取ることです。それは主文での情報であり，かつ該当する文章のはじめのほうで語られることが多いのです。質問のAでもBでも，2番目の文で正解につながる情報が語られていますね。
　上の2つの質問では，„ein Tagebuch führen"（日記をつける），„sowohl A als auch B"（Bと同様にAも）といった熟語を知っていれば，問題は比較的簡単です。でも，知らなくて，メインの情報が聞き取れなかったら…。そのときは残りの情報からメインの情報を再構成しましょう。基本的に段落の前半部で中心の主張が語られるとすれば，段落の後半部では，前半での主張を敷延したり補足したりする構成になっています。ですので，そうした情報をもとに裏読みできるのです。例えば，質問Bにかかわる段落の後半では，収入や労働時間，学歴，家族構成や年齢に関係なく，週末には気分がよい，という部分が聞こえれば，男女の差もないだろうことが逆に推測できるはずです。

## ⑤ 文化背景も大切

●現代の問題を意識して　―高齢化社会での生涯教育を例に―

CD1-25

　2009年度には，高齢化社会における生涯教育に関するテクスト（インタビュー）が聞き取り試験の第2部に出題されています。まずは基本知識なしで，問題の一部を聞いてください。

これが最初から分かった人は，準1級ではなく1級を受けましょう?!
ほとんどの人がある程度まで分かって，分からない部分もあったのではないでしょうか。
次のステップとして，関連する単語をいくつか確認しましょう。

  die Bildung: 教育    der Senior: シニア
  der Pädagoge / die Pädagogin: 教育学者
  das Lebensalter: 年代  das Studium: (大学での)勉強
  die Geisteswissenschaften: 精神(諸)科学（geisteswissenschaftlich: 〜の）

また，die Bildung から派生して，次のような単語がテクストに出てきます。

  das Bildungswerk: 教養センター  die Erwachsenenbildung: 成人教育
  bildungshungrig: 教育(教養)に飢えた

単語を頭に入れたうえで，もう一度聞きましょう。

  Das Münchner Bildungswerk, eine Einrichtung der katholischen Erwachsenenbildung, startet im April Münchens erste „Seniorenakademie". Die Sozialpädagogin Franziska Hofmeister organisiert die Akademie mit. Folgendes ist ein Interview mit ihr.

  I (Interviewer): Die Seniorenakademie will Menschen ab 55 ansprechen － ist man da schon „Senior"?
  H (Hofmeister): Das kommt darauf an, wie man den Begriff „Senior" für sich definiert. Man kann ihn als Übergang nach dem Berufsleben verstehen, oder als drittes oder viertes Lebensalter.
  I: Das könnte aber den einen oder anderen verprellen?
  H: Das glaube ich nicht. Wir wissen, dass Menschen in diesem Alter gerne akademisch lernen möchten. Es dürfen sich alle angesprochen fühlen: Senioren, Leute ab 55. Und wenn jemand 54 ist, macht es auch nichts.
  I: Was bietet die Seniorenakademie?
  H: Wir haben als Einrichtung der katholischen Erwachsenenbildung natürlich Fokus auf Theologie. Aber prinzipiell soll es ein Studium generale sein, also eine Auswahl an geisteswissenschaftlichen Fächern wie Politik.［後略］

**大意** カトリック成人教育会の一組織であるミュンヘン教育援護会は，社会教育学者のホーフマイスターも協力した「シニア・アカデミー」をスタートさせる。以下，ホーフマイスターとのインタビュー。

- I: シニア・アカデミーは55歳から上の人々を対象にしようとしています。55歳でもう「シニア」ですか？
- H: 「シニア」という概念をどう定義するか次第です。退職後の移行期とも考えられますし，第3，第4の人生の段階とも。
- I: そうすると，だれかを門前払いすることになったりしませんか？
- H: そうは思いません。この年代の人々はアカデミックな勉強をしたがっていることを知っています。55歳より上のシニアたちみんなを対象に考えていいのです。54歳だってかまいません。
- I: シニア・アカデミーは何を提供するのでしょう？
- H: 私たちはカトリック成人教育会の施設として当然のことながら神学に焦点を当てています。しかし，一般教養を考えており，政治のような精神科学的な分野から選べるようになっています。

いかがでしたか？ 背景知識を持つことで，ずいぶんと理解できたのではないでしょうか。折を見てドイツ語圏のアクチュアルな情報にも目を配っておきましょう。

# III. 聞き取り練習問題

### 第1部　Erster Teil

1　第1部の問題は(**A**)～(**D**)まであります。解答は選択肢 **1** ～ **4** の中から一つ選び，その番号を解答用紙の所定の欄に記入してください（解答用紙は省略します）。
2　最初に15歳の少年が主人公の小説の冒頭部を1回聞いてください。
3　次にテキストの内容に関する質問を1回，それに対する解答の選択肢四つを2回読み上げます。
4　30秒後にテキストとそれに関する質問および解答の選択肢をもう1回読み上げます。
5　メモは自由にとってかまいません。
6　第2部が始まるまで30秒の空き時間があります。

(**A**)　Wovon wird in dieser Geschichte erzählt?

　　　1
　　　2
　　　3
　　　4

(**B**)　Was für ein Gefühl hatte der Erzähler, als er sich übergab?

　　　1
　　　2
　　　3
　　　4

(**C**)　Wo verabschiedete sich die Frau?

　　　1
　　　2
　　　3
　　　4

( D ) Was sollte der Erzähler nach der Meinung der Mutter machen, als er wieder gehen konnte?

 1
 2
 3
 4

**CD1-27**

### 第2部　Zweiter Teil

1　第2部の問題は選択肢が1から9まであります。選択肢に目を通してください。そのための時間は3分間です。
2　次に映画「Türkisch für Anfänger」に出演した俳優2名, Josefine Preuß と Elyas M'Barek に対するインタビューを聞いてください。
3　1分後に同じものをもう1回聞いてください。
4　読み上げられた内容に合うものを, 選択肢1〜9のうちから四つ選び, その番号を解答用紙の所定の欄に記入してください。ただし, 番号の順序は問いません。
5　メモは自由にとってかまいません。
6　2回目の放送のあと, およそ1分後に試験終了のアナウンスがあります(省略)。試験監督者が解答用紙を集め終わるまで席を離れないでください。

1　Elyas wurde mit 13 Jahren auf eine von Mönchen geleiteten Internat geschickt.
2　Die Mutter von Elyas hat ihn auf das Internat geschickt, weil die Mönche da als nicht streng und freundlich zu Schülern galten.
3　Elyas musste nur eineinhalb Jahre auf dem Internat verbringen.
4　Josefine haben alle Fächer Spaß gemacht, weil sie in allen Fächern gute Lehrer hatte.
5　Josefine war Streberin wie Lena aus „Türkisch für Anfänger".
6　Josefine spickte einmal in einem Test, wobei sie gleich erwischt wurde.
7　Die Mutter Josefines war sehr verärgert, als sie von der Tat ihrer Tochter erfuhr.
8　Elyas hat mehrmals gespickt, weil er immer rebellisch war und keine Lust auf Lernen hatte.
9　Die Deutschlehrerin von Josefine half ihr bei der Vorbereitung auf die Aufnahmeprüfung der Schauspielschule.

**CD1-26**

【第1部問題文・トランスクリプションと解答】

　Als ich fünfzehn war, hatte ich Gelbsucht. Die Krankheit begann im Herbst und endete im Frühjahr. Je kälter und dunkler das alte Jahr wurde, desto schwächer wurde ich. Erst mit dem neuen Jahr ging es aufwärts. Der Januar war warm, und meine Mutter richtete mir das Bett auf dem Balkon. Ich sah den Himmel, die Sonne, die Wolken und hörte die Kinder im Hof spielen. Eines frühen Abends im Februar hörte ich eine Amsel singen.

　Mein erster Weg führte mich von der Blumenstraße, in der wir im zweiten Stock eines um die Jahrhundertwende gebauten, wuchtigen Hauses wohnten, in die Bahnhofstraße. Dort hatte ich mich an einem Montag im Oktober auf dem Weg von der Schule nach Hause übergeben. Schon seit Tagen war ich schwach gewesen, so schwach wie noch nie in meinem Leben. Jeder Schritt kostete mich Kraft. Wenn ich zu Hause oder in der Schule Treppen stieg, trugen mich meine Beine kaum. Ich mochte auch nicht essen. Selbst wenn ich mich hungrig an den Tisch setzte, stellte sich bald Widerwillen ein. Morgens wachte ich mit trockenem Mund und dem Gefühl auf, meine Organe lägen schwer und falsch in meinem Leib. Ich schämte mich, so schwach zu sein. Ich schämte mich besonders, als ich mich übergab. Auch das war mir noch nie in meinem Leben passiert. Mein Mund füllte sich, ich versuchte, es hinunterzuschlucken, preßte[1] die Lippen aufeinander, die Hand vor den Mund, aber es brach aus dem Mund und durch die Finger. Dann stützte ich mich an die Hauswand, sah auf das Erbrochene zu meinen Füßen und würgte hellen Schleim.

　Die Frau, die sich meiner annahm, tat es fast grob. Sie nahm meinen Arm und führte mich durch den dunklen Hausgang in den Hof. Oben waren von Fenster zu Fenster Leinen gespannt und hing Wäsche. Im Hof lagerte Holz; in einer offenstehenden Werkstatt kreischte eine Säge und flogen die Späne. Neben der Tür zum Hof war ein Wasserhahn. Die Frau drehte den Hahn auf, wusch zuerst meine Hand und klatschte mir dann das Wasser, das sie in ihren hohlen Händen auffing, ins Gesicht. Ich trocknete mein Gesicht mit dem Taschentuch.

[…]

　Sie fragte mich, wo ich wohnte, stellte die Eimer in den Gang und brachte mich nach Hause. Sie lief neben mir, in der einen Hand meine Schultasche und die andere an meinem Arm. Es ist nicht weit von der Bahnhofstraße in die Blumenstraße. Sie ging schnell und mit einer Entschlossenheit, die es mir leicht machte, Schritt zu halten. Vor unserem Haus verabschiedete sie sich.

Am selben Tag holte meine Mutter den Arzt, der Gelbsucht diagnostizierte. Irgendwann erzählte ich meiner Mutter von der Frau. Ich glaube nicht, daß² ich sie sonst besucht hätte. Aber für meine Mutter war selbstverständlich, daß³ ich, sobald ich könnte, von meinem Taschengeld einen Blumenstrauß kaufen, mich vorstellen und bedanken würde. So ging ich Ende Februar in die Bahnhofstraße.

原文を活かすため，旧正書法のままとします。
新正書法では　1 presste　　2 dass　　3 dass

問題( A )　Wovon wird in dieser Geschichte erzählt?
選択肢:　1　Der Erzähler berichtet von einer Krankheit in seiner Kindheit.
　　　　2　Es wird erzählt, wie die Mutter des Erzählers an einer Krankheit litt.
　　　　3　Beschrieben wird der Schulweg des Erzählers in der Kindheit.
　　　　4　Eine Frau erzählt von der Begegnung mit einem Jungen.

問題( B )　Was für ein Gefühl hatte der Erzähler, als er sich übergab?
選択肢:　1　Ihm ging es immer besser, und er wurde bald wieder gesund.
　　　　2　Er hatte ein stolzes Gefühl, als er eine Amsel hörte.
　　　　3　Seine Organe lagen schwer und falsch im Leib.
　　　　4　Er fühlte sich sehr erwachsen.

問題( C )　Wo verabschiedete sich die Frau?
選択肢:　1　Sie nahm Abschied vor dem Bahnhof.
　　　　2　Sie verabschiedete sich vor dem Haus des Erzählers.
　　　　3　Sie verabschiedete sich vor ihrem Haus.
　　　　4　Sie nahm Abschied vor dem Haus des Arztes.

問題( D )　Was sollte der Erzähler nach der Meinung der Mutter machen, als er wieder gehen konnte?
選択肢:　1　Die Frau sollte zur Mutter kommen und ihr alles genau erklären.
　　　　2　Die Mutter wollte selbst zu der Frau gehen und ihr danken.
　　　　3　Der Erzähler sollte einen Blumenstrauß kaufen und sich bedanken.
　　　　4　Der Erzähler sollte der Mutter genau erzählen, was geschehen war.

**大意** 私が15歳だったとき，黄疸にかかった。病気は秋に始まり，春に終わった。年末にかけて暗く寒くなるにつれて私は弱くなっていった。年が明けてようやく元気が戻りだした。1月は暖かく，母は私のベッドをバルコニーに向けてくれた。空を，太陽を，雲を見，子どもたちが中庭で遊ぶのを聞いた。2月のある夕べの早い時刻に黒ツグミが鳴くのを聞いた。

　元気になって最初の外出は，ブルーメン(花)通り――その通りにあった世紀末に建てられた重厚な建物の3階に私たちが住んでいた――からバーンホーフ(駅)通りへと向かうことだった。ここで私は10月のある月曜日，学校から帰宅する途中で嘔吐したのだった。数日前からぐったりとして，それは今までにないことだった。1歩1歩に力を込めなければならなかった。家でも学校でも階段の上り下りで，足に力が入らなかった。食べる気にもならなかった。空腹を感じてテーブルについても，嫌悪感がまさるのだった。朝，口の渇きを感じて起き，体中の器官が重く変な場所にあるような感じがするのだった。自分の弱さが恥ずかしかった。とりわけ吐くことは恥ずかしかった。今までそんなことはなかったのだ。口の中が一杯になり，飲み込もうとしたり唇をぎゅっと閉じたり，手で口を押さえたにもかかわらず，口から出て指の間からこぼれ出てしまった。そうして建物の壁に寄りかかり，足下の嘔吐物を眺め淡色の分泌物を吐き出した。

　助けてくれた女性は，私をほとんどぞんざいにあつかった。私の腕をとり，暗い建物の入口から中庭へと連れていった。窓から窓へと洗濯紐が渡され，洗濯物がかかっていた。中庭には薪が積まれていた。開け放たれた工場ではノコギリがうなり，鉋屑が飛んでいた。中庭への扉の横に水道栓があった。女性は水を出して私の手を洗い，自分の手に受けた水を私の顔にかけた。私は顔をハンカチで拭った。(中略)

　彼女は私がどこに住んでいるのか尋ねて，バケツを通路に置くと家まで送ってくれた。片方の手には私のカバンを持ち，もう片方で私の腕を支えて私の横を歩いた。バーンホーフ通りからブルーメン通りまではそんなに離れていなかった。彼女はさっさとそして迷いなしに歩いてくれたので，歩くのが楽だった。私の家のある建物の前で彼女は戻っていった。

　その日のうちに母は医者を呼び，医者は黄疸との診断を下した。いつだったろうか，母に私はあの女性のことを話した。そうでもしなければ私が彼女を訪ねることはなかったと思う。だが母にとっては，私が元気になり次第，お小遣いから花を買って自己紹介をした上でお礼をするのは当然のことだった。そんな訳で私は2月の末，バーンホーフ通りに入っていった。

解答　(A) 1　(B) 3　(C) 2　(D) 3

CD1-27

【第2部問題インタビュー・トランスクリプションと解答】

**FOCUS-SCHULE**: Elyas M'Barek, Sie waren mit 13 Jahren auf einem katholischen Internat in Bayern, das von Mönchen geleitet wurde. Das klingt hart.

**Elyas M'Barek**: War es auch. Die Mönche waren sehr streng, teilweise auch echt fies. Alles wurde geregelt und kontrolliert, als Schüler hatte man keinen Freiraum. Wurden die Regeln nicht eingehalten, gab es Ärger und wir wurden hart bestraft. Eine richtige Drohkulisse haben die Mönche dort aufgebaut.

**FOCUS-SCHULE**: Warum sind Sie überhaupt auf das Internat gegangen?

**M'Barek**: Ich hatte damals meine rebellische Phase. Meine Mutter hatte es nicht leicht mit mir. Ich bin teilweise nächtelang weggeblieben, habe mir nichts sagen lassen. Und erst dachte ich auch: Cool, da gibt's einen Pool und einen Basketballplatz. Das Internatsleben habe ich mir eher wie eine lange Klassenreise vorgestellt. Nach eineinhalb Jahren hat meine Mutter mich dann wieder von der Schule genommen. Ein Glück.

**FOCUS-SCHULE**: Ihnen ist das erspart geblieben, Josefine. Waren Sie denn immer eine brave Schülerin?

**Josefine Preuß**: Na ja, unauffällig. Manche Fächer mochte ich, manche nicht. Ob mir die Schule Spaß gemacht hat, hing sehr vom Lehrer ab.

**FOCUS-SCHULE**: Keine Streberin, wie Lena aus „Türkisch für Anfänger"?

**Preuß**: Nein, das nicht. Aber besonders rebellisch war ich auch nicht. Ich habe nur einmal in meinem Leben gespickt und bin gleich erwischt worden.

**FOCUS-SCHULE**: Wie das?

**Preuß**: Ganz blöd: Ich hatte den Spicker in meine Federmappe geklemmt. Mein Lehrer hat es natürlich sofort entdeckt. Und dann auch noch in Biologie, da war ich eigentlich immer ganz gut....

**FOCUS-SCHULE**: Was hat Ihre Mutter dazu gesagt? Sie war schließlich Lehrerin an Ihrem Gymnasium.

**Preuß**: Von Weitem habe ich sie auf dem Pausenhof gesehen - und wusste sofort, dass sie es schon weiß. Ich hatte schreckliche Angst, aber sie kam auf mich zu und hat dann plötzlich angefangen laut zu lachen. „Mensch, Josefine," hat sie gesagt, „wenn du schon spickst - dann lass dich doch nicht erwischen."

**FOCUS-SCHULE**: Waren Sie da schlauer, Elyas?

**M'Barek**: Nee. Als ich die Spicker gebraucht hätte, war ich viel zu schlecht zum Spicken. Schließlich muss man in der Lage sein, den Stoff zusammenzufassen, so dass er auf einen Spicker passt. Später war ich Klassenbester. Da brauchte ich keine

Spicker mehr.
**FOCUS-SCHULE**: Vom Rebell zum Klassenbesten - haben Sie da ein Rezept?
**M'Barek**: Eigentlich nicht. Nach meiner Erfahrung auf dem Internat hat es bei mir einfach Klick gemacht. Ich hatte plötzlich Lust auf Schule. Dumm war ich ja nie.
**FOCUS-SCHULE**: Sie haben beide schon während der Schulzeit angefangen zu drehen. War da der Berufswunsch schon klar?
**M'Barek**: Nee, nicht wirklich. Ich hätte nie gedacht, dass ich solche Rollen wie heute bekommen würde. Damals durfte ich höchstens den Gangster spielen. Dass ich jetzt solche Chancen bekomme auch Hauptrollen zu spielen, dafür bin ich wirklich dankbar.
**Preuß**: Mir war lange Zeit gar nicht klar, dass ich die Schauspielerei zum Beruf machen wollte. Aber besonders unterstützt wurde ich von meiner Deutschlehrerin: Sie war die Einzige, der ich von meiner Bewerbung an den Schauspielschulen erzählt hatte. Ich wollte keine große Sache daraus machen. Kurz vor einer wichtigen Aufnahmeprüfung hat sie meinen Klassenkameraden dann eine Aufgabe gegeben und mich vor die Tür gerufen. Ich dachte nur: Oh, Gott, was habe ich jetzt schon wieder angestellt? Dabei hatte sie die Aula für zwei Stunden reserviert, damit ich ihr die Szenen, die ich für die Aufnahmeprüfung einstudiert hatte, vorspielen konnte. Das war toll.

**大意**

Focus: Elyas M'Barek さん，13歳で僧侶の運営するカトリックの寄宿学校に行きましたね。大変そうです。

M'Barek: そうでした。坊さんたちは非常に厳しく，本当に嫌なヤツもいました。すべてが規則詰めで管理され，自由はありませんでした。規則違反があれば，厳しく処罰されたのです。脅迫的な世界が組み立てられていたのです。

Focus: そもそもどうして寄宿舎学校へ？

M'Barek: 反抗期で，母も苦労していました。幾晩も家に戻らなかったり，口を挟ませませんでした。はじめのうちはプールもあるし，バスケットボールコートもあるし，長い修学旅行のような気分でいました。1年半後に母が迎えに来てくれたのは幸運でした。

Focus: Josefine さんはそんなことはなかったのでしょう？ いつも優秀な生徒でしたか？

Preuß: 目立たないようにね。好きな教科も嫌いな教科もありました。学校が楽しかったかというと，先生次第でした。

Focus: 映画「Türkisch für Anfänger」の Lena のような勉強の虫ではなかった？

| | |
|---|---|
| Preuß: | そう，違います。特に反抗もしませんでした。一度だけカンニングをしましたが，すぐにばれてしまいました。 |
| Focus: | どんなふうに？ |
| Preuß: | まったく馬鹿でした。カンニングペーパーをペンケースに挟んでいたのです。先生は当然すぐに見つけました。それも得意だった生物で…。 |
| Focus: | 同じギムナジウムの先生をしていたお母さんは何と？ |
| Preuß: | 休憩時間に中庭で遠くから見つけましたが，もう知っていることがすぐにわかりました。ひどく不安でしたが，母は私のところに来て，突然笑い出して言ったのです。「ジョゼフィーネ，カンニングをするなら，ばれないようにね」 |
| Focus: | Elyasさんはもっとうまく立ち回った？ |
| M'Barek: | カンニングが必要だったころには，カンニングするにはアホすぎでした。カンニングペーパーを準備するのは，それなりに範囲を要約できないといけないわけです。その後，クラスで1番になったので，カンニングペーパーは不要になったのです。 |
| Focus: | 反逆児からクラスで1番ですか。処方箋はある？ |
| M'Barek: | ないです。寄宿舎学校での経験で目が覚めたのです。学校に行きたいと思うようになった。馬鹿だったわけではないのです。 |
| Focus: | お二人とも学校にいるころから映画に出始めてましたね。もう職業のイメージは持っていたのですか？ |
| M'Barek: | いえ，しっかりとは。今回のような役をもらえるなんて思いもしませんでした。せいぜいチンピラ役だったので。主役を演じさせてもらえることに感謝しています。 |
| Preuß: | 俳優を職業にするかは長いことはっきりしていませんでした。でも，とりわけドイツ語の先生が私を支援してくれました。俳優学校に応募したことを話したのも先生にだけでした。大騒ぎをするつもりはなかったからです。大切な入学試験の前に，先生は同級生たちには課題を出して，私を呼び寄せました。また何かやらかしちゃったかと思ったのですが，先生は講堂を2時間分借りておいてくれて，先生を前に試験用に練習した場面を演じたのです。すばらしいことでした。 |

解答　**1**，**3**，**6**，**9**（順不同）

# 第4章
# 口述試験編

2～5級は「筆記・聞き取り」だけの試験ですが，1・準1級では一次試験に合格すると，さらに二次試験として「口述試験」があります。その内容についてQ＆Aの形で説明します。

**Q．いつ，どこで行われるのですか？**
　1月下旬の日曜日に行われています。試験当日は，1級の試験が午前中，準1級の試験が午後に行われます。
　会場は，全国の5都市に設けられています。北海道地方の札幌，関東地方の東京，関西地方の大阪，中国地方の広島，九州地区の福岡です。
　ちょっと遠くて日帰りができない方もいらっしゃるかもしれませんが，一次試験の難関を突破したのですから，さらに本格的な二次の口頭試験へぜひ挑戦なさってください。

**Q．二次試験の合格率はどのくらいですか？**
　データを見てみると，準1級の一次試験合格率が全受験者の4割程度，二次試験を経た最終合格率が全受験者の3割ほどになっています。4人のうちの3人が二次試験でも合格する計算になります。

**Q．一次試験免除の人もいるとか？**
　二次試験に失敗しても，一次試験の点数が特によい方にこの特典が与えられます。ただし次の年の1年限りです。

**Q．面接時間は？**
　一人あたり約7分が目安となっています。短いようにも思えますが，実は7分間緊張を保つのは大変です。短時間に高度な集中を要する試験といえるでしょう。

**Q．面接官は何名ですか？**
　試験は，受験生1名に対して2名の試験官があたります。つまり，皆さんが一人ずつ試験場に入っていくと，ドイツ語を母語とするネイティブの方と日本人がペアになって待っており，質問にあたるわけです。
　ただし，実際に質問をするのはネイティブの試験官だけです。その間，日本人の試験官は，受験生が面接室や順番を間違えていないか，極端に質問時間が長くならないかなど，スムーズな進行とタイムキープに努めるとともに，質問内容が年齢，経歴，仕事から察してあまりにもかけ離れたものとならないようにコントロールしています。

採点は，ネイティブとともに，日本人試験官も口述内容を見守り，採点を行います。

最終的に，両者の評価を合算して二次試験の成績となります。

### Q。 緊張のあまり気分が悪くなるようなことは？

決してそのようなことはありません。

まず，検定試験の基本は，あくまで皆さんの技能・能力を評価しようというものです。入学試験のように合格定員が決まっていて，それ以上の受験者をふるい落とすための試験ではありません。

次に，ドイツでは口頭試験が大変重視され，伝統もあります。ネイティブの試験官はもとより，日本人試験官も留学体験豊かで，ドイツ式の面接方法に習熟しており，どうしたら皆さんのコミュニケーション能力を引き出せるかという方法が身についているからです。実に自然に打ち解けた雰囲気を作り出してくれます。

### Q。 質問は何問ですか？

非常に重要なことですが，決して1問1答で評価している訳ではありません。例えば10問中8問正解したから合格ということではありません。

次に見るように，試験は一定の流れをもった「対話」で行われます。最初の質問はさらにその話題を展開していくためのきっかけとなるのです。コミュニケーションの「流れ」が大切なのです。

### Q。 では，どのような採点方法をとっているのですか？

公表されている採点基準を見てみましょう。
(1) 発音やイントネーションの正確度
(2) 語彙力と文章構成力
(3) 客観的描写力
(4) コミュニケーション能力

以上の4つの点において，どの程度の能力があるかを段階評価します。

「あなたの趣味は何ですか？」という質問に正しく，例えば „Mein Hobby ist Tennis." と答えただけでは，(2)の語彙力と正しい文章を組み立てる能力を示しただけになります。

その時の発音やイントネーションは？ それが(1)の基準です。

その時うつむいて聴き取れないような声で答えていませんか？ それでは(4)の基準「コミュニケーション能力」で高い評価は得られません。面接では相手を見

て，自分の意見が理解されているか，相手は今の話のどこに興味を抱いているのか，こちらの意見に賛成なのか反対なのかなどに注意を払うなど，対話の基本をドイツ語でできる能力を示さなければならないのです。

　時間をかけて，推敲を重ねれば正しい文章が構成できることは，すでに一次の筆記試験だけでも確認できました。口頭試験では，相手の意見に注意を払うとともに，自分の意見をわかりやすく正確に伝える能力が測られます。

　(3)の描写力は，下の試験の概要で詳しく説明しますが，示される写真の内容をドイツ語で説明できる能力のことです。多くの情報が詰まった写真の中から，それらを整理して適切にドイツ語で説明できる力が測られます。

**Q.　どのような採点方法をとっているのですか？**

　すでに上の説明で，皆さんの言い間違いを数えて減点するといった方法で採点しているのではないことはご理解いただけたと思います。

　評価は上に挙げた4つの基準「発音とイントネーション」「文章構成力」「描写力」「コミュニケーション能力」のそれぞれについてA, B, C, Dの4段階でなされると考えてください。ネイティブと日本人が別々に段階評価をし，数値化したものを合算して判定が行われます。

　例えば，発音がちょっと単調で，文章にもところどころ怪しいところがあるけれども，写真描写は的確で，面接官の問いかけにも明快に受け答えができるのであれば，

```
            (1) - (2) - (3) - (4)
ネイティブ    C   B   A   A
日本人        B   B   A   A
```
といった判定が下るかもしれません。

　それぞれの段階がどのように点数化されているのかは公表されていないのでわかりませんが，この口述試験の評点と一次試験の得点を総合して準1級の最終合否判定が行われます。

**Q.　試験の流れを教えてください。**

　公表されている限りでは，だいたい次のような流れになっているようです。

(1)　Gesprächsbeginn（導入）

　皆さんの名前や職業など自己紹介を兼ねた基礎的な質問で口頭試験の導入を行います。

質問の例：

Bitte, nehmen Sie Platz!
Wie ist Ihr Name, bitte?
Sind Sie Student / Studentin?   Sind Sie berufstätig?
Wo studieren Sie?   Was war Ihr Fach an der Uni?
Können Sie uns Ihre Universität / Ihre Firma / Ihre Familie vorstellen?
Wo haben Sie Deutsch gelernt?

## (2) Bildbeschreibung（写真描写）

次に1枚の写真が示され，そこに何が写っているかをドイツ語で描写してもらいます。ここからが本番です。

クリスマスの写真を例に，質問の最初の部分をシュミレートしてみましょう。

Prüfer:   Was sehen Sie auf dem Foto?
Sie:      Auf dem Foto sind zwei Kinder mit vielen Geschenken.
Prüfer:   Wie sehen die Kinder aus?
Sie:      Sie freuen sich sicher über die Geschenke.

「何が写っていますか？」という問いに「たくさんのプレゼントをもらった子どもたち」と答えたとしましょう。すると，「その子たちはどんな様子ですか？」と質問が続き，徐々にクリスマスをテーマとする一般的な事柄に話が広がっていくでしょう。

ほかにも，「右のほうには」「左のほうには」「前のほうには」「中央には」など，注目する場所を変えた表現の例を挙げておきます。

Pr.: Was sehen Sie auf dem Foto?
Sie: <u>Auf der rechten Seite ist</u> ein Baum mit Kerzen.
Pr.: Was für ein Baum ist das?

Pr.: Was sehen Sie auf dem Foto?
Sie: <u>Auf der linken Seite ist</u> eine Frau.
Pr.: Wer kann sie sein?
Sie: Vielleicht die Mutter?
Pr.: Was macht sie?

Pr.: Was sehen Sie auf dem Foto?
Sie: <u>Im Vordergrund sieht man</u> viele Pakete.
Pr.: Was für Pakete sind das?

Pr.: Was sehen Sie auf dem Foto?
Sie: <u>In der Mitte</u> / <u>Vor dem Baum</u> ist ein Bild.
Pr.: Was ist auf dem Bild?
Sie: Auf dem Bild <u>sieht man</u> Hirten.
Pr.: Woran erkennt man, dass sie Hirten sind?

(3) Allgemeine Fragen（写真の内容に関連するより一般的な質問）
　写真に写っている対象についての質疑応答から徐々に写真のテーマと関連する事柄についての質問に移行していきます。
　例えば，ここでは「クリスマス」がテーマなので，「日本のクリスマス」や「あなたのクリスマス」，「サンタクロース」などの質問が考えられるでしょう。

Wie feiert man in Japan Weihnachten?
Wie feiern Sie Weihnachten?

CD1-30

Was isst man in Japan zu Weihnachten?
Was schenkt man in Japan zu Weihnachten?

Warum feiern Sie nicht Weihnachten?
Warum isst man in Japan Kuchen zu Weihnachten?

Wer gibt den Kindern Geschenke?
Mit wem feiern Sie Weihnachten?

Glauben Sie an den Nikolaus?
Bis wann haben Sie an den Nikolaus geglaubt?

## Q. 質問が聞き取れなかったときはどうしたらいいですか？

質問が聞き取れなかったときに，聞き返すことは自然で，しかも立派なコミュニケーションの能力です。逆に，聞き返さずに沈黙してしまったり，関係のない答えをすることは会話を破綻させてしまいます。

聞き返すための表現：
Wie bitte?

**CD1-31**

Ich habe Ihre Frage nicht verstanden.
Würden Sie bitte wiederholen?
Was bedeutet das Wort „Adventskranz"?（Adventskranz＝モミの枝で作った飾り環）

　質問は聞き取れたのに，どう答えたらいいのか迷うときも，次のような言い回しを使いながらコミュニケーション上のサインを出してください。
　「それは難しい質問ですね…　でも…」
　　　Das ist eine schwierige Frage ... Aber ...
　「どこから始めたらいいのでしょうか…」
　　　Womit soll ich anfangen ...
　「サンタクロースを信じているかですか？　そうですね，子どものときはなるほど…」
　　　（間接疑問の形で質問を繰り返して）
　　　Ob ich an St. Nicolaus glaube? Hm, als Kind habe ich zwar ...

**Q.** そのほかに，口頭試験に際して気をつけることは？

・会話を行うパートナーとして

　面接試験を観察していると，どうしても「質問に答える」という受験態度をとるために，消極的な姿勢の方が目立ってしまいます。むしろ，導入部では初対面の人に自分のことを積極的にアピールする，写真描写では自分の撮った写真を友人に説明してあげる，テーマに沿った会話では積極的に自分の考えを語るかのように，対等に会話を行う態度をとってください。

・質問に耳を澄ます

　面接試験を横で聞いていてよく思うのは，この受験者は質問されていることとは違うことを答えていて，話の流れが不明になっているなということです。質問が不明だと答えも不明になってしまいます。質問は分からなければ聞き返す，分かったと思っても「～というのが質問ですよね。それでしたら，～」と，確かめながら答えるように心がけてください。

・短い文で

　できるだけ簡単な表現を使うことも大切です。頭に浮かんだ日本語を逐語訳せず，いったん要約してドイツにすることです。例えば，

　　「我々の環境を守るために，ゴミのリサイクリングをすることがとても大切だと考えます」

という内容を表現したいとします。作文ならば，

　　Ich halte es für wichtig, die Recycling von Müll zu praktizieren, um unsere Umwelt zu schützen.

と，推敲を重ねながら書くことができます。しかし，これを会話で行うことは困難でしょう。そこで，自分の考えたことを簡単な要素に分解してください。

　　「ゴミのリサイクルをしたい」　＋　「それは環境保護のために重要だ」

　　Ich möchte die Recycling von Müll machen.
　　＋ Denn es ist wichtig für unsere Umwelt.

これならば簡単に頭に浮かぶのではないでしょうか。

・大切な点をはっきりさせる

　ドイツ語で主張する際のコツは，まず主張の大切な点をはっきりさせ，それから細かい点を説明することです。そのためには，第1に「自分の意見」，それに第2として「理由」を並べましょう。

　「Aは重要だ」という自分の意見を表明するには，

　　A ist wichtig. / A spielt eine große Rolle.

Ich glaube, A ist wichtig. / Ich finde A wichtig. / Ich halte A für wichtig.
などの表現が使え，そのあとで，denn や weil（副文!）を使って理由を補足すればよいのです。

・論点を列挙する
　よくドイツ人は先に論点を列挙してから話し始めます。その際に，よく「1に，2に，3に」と指を立てながら論じているのを目にしたことがありませんか？これは，箇条書きと同じですから，思いついた順番に並べるだけで，起承転結などの込み入った全体性を考えてから話しているわけではないので，思ったより容易です。

　もう一つは，長所を述べると，ドイツ人からは必ず短所についての質問がきます。それを先取りして，両面を述べることでより包括的でしっかりした意見にすることです。

　「この問題については3つの点を挙げたいとを思います。
　1つには，〜。2つには，〜。そして第3には，〜です。」
　　Zu diesem Problem möchte ich drei Punkte nennen.
　　Erstens ...　Zweitens ...　Und drittens ...

「それについては長所と短所があります。長所は〜。短所は〜です。」
　　Da gibt es Vorteile und Nachteile. Vorteile gibt es in ...　Ich halte es für nachteilig, dass ...
　最初に論点は3つと言っておいて3つ出てこなかったらどうしましょう。大丈夫です。話しながら考えも広がるので，必ず思い浮かぶと信じてください。
がんばってくださいね。Viel Spaß und viel Erfolg!

# 第5章
# 模擬試験編

模擬試験問題(1) ——— 100
　解答 ——————— 111
模擬試験問題(2) ——— 125
　解答 ——————— 136

## 準1級模擬試験問題（1）

**1** 次の(1)〜(5)の a と b の文はそれぞれほぼ同じ意味になります。空欄の中に入れるのに最も適切なものを，下の 1 〜 4 のうちから一つ選び，その番号を解答欄に記入しなさい。

(1) a  Er hat zur Völkerverständigung viel beigetragen.
　　 b  Er hat einen großen Beitrag zur Völkerverständigung (　　).
　　 1  gesetzt　　2  gespielt　　3  getragen　　4  geleistet

(2) a  Dass er die Prüfung bestehen wird, ist ganz unzweifelhaft.
　　 b  Es liegt auf der (　　), dass er die Prüfung bestehen wird.
　　 1  Auge　　2  Nase　　3  Hand　　4  Fuß

(3) a  In seiner Rede hat er seine Dankbarkeit klar ausgedrückt.
　　 b  In seiner Rede hat er seine Dankbarkeit klar zum Ausdruck (　　).
　　 1  genommen　　2  gekommen　　3  gebracht　　4  gegeben

(4) a  Können Sie mir einen Gefallen tun und die Unterlagen ausfüllen?
　　 b  Seien Sie bitte so (　　) und füllen Sie die Unterlagen aus!
　　 1  hübsch　　2  freundlich　　3  tolerant　　4  entschieden

(5) a  Ich kann unmöglich diese Aufgabe erledigen.
　　 b  Ich bin außer (　　), diese Aufgabe zu erledigen.
　　 1  Möglichkeit　　2  Haltung　　3  Lage　　4  Stande

**2** 次の2つの文 (a) と (b) の組で，(a) の空欄には動詞が，(b) の空欄にはその名詞形が入ります。その動詞を下の 1 〜 4 のうちから選び，その記号を解答欄に記入しなさい。また，空欄 (b) に入れるべき名詞形を解答用紙に記入しなさい。

(1) (a) Wo bleibt unser Junge nur? Ich fange schon langsam an, mich zu (　　).
　　 (b) Seine Mutter ist schwer erkrankt. Er ist in großer (　　).
　　 1  freuen　　2  sorgen　　3  ärgern　　4  irritieren

(2) (a) Unsere Tochter stöhnt über die schwierigen Schulaufgaben. Vielleicht können wir ihr (　　).
　　 (b) Es ist unsere Pflicht, Verunglückten sofort (　　) zu leisten.
　　 1  helfen　　2  gehorchen　　3  gefallen　　4  begegnen

(3) (a) Morgen werde ich einmal nicht in der Mensa (　　).
(b) Wo werden die Delegationsmmitglieder das (　　) einnehmen?
**1** essen　**2** sprechen　**3** einkaufen　**4** kontrollieren

(4) (a) Der Urlaubsort gefällt dir nicht? Aber du kennst doch die Umgebung noch gar nicht genau. Man soll nicht so schnell (　　).
(b) Das Gericht hat sich zur Beratung zurückgezogen. Anschließend wird das (　　) gesprochen.
**1** fahren　**2** fallen　**3** verteilen　**4** urteilen

(5) (a) Du hättest für beide Kinder das gleiche Spielzeug kaufen sollen. Ich fürchte, sie werden sich (　　).
(b) Vielleicht gelingt es uns endlich, die beiden zu versöhnen. Seit Jahren liegen sie im (　　).
**1** streiten　**2** entscheiden　**3** freuen　**4** unterhalten

## 3

(　　)内にaからcの語を入れて，次の(1)〜(4)の文を完成させなさい。最も適切なものを下に示した1〜6のうちから一つずつ選び，その番号を解答欄に記入しなさい。同じ番号を複数回使用してもかまいません。

(1) (　　) das Buch auf den Markt gebracht (　　), so (　　) es das ganze Land erschüttert.
**a** hätte　**b** wäre　**c** worden

(2) Der Politiker hat (　　) (　　) (　　) distanzieren wollen.
**a** von dem Problem　**b** sich　**c** eigentlich

(3) Je schlimmer seine finanzielle Lage wurde, (　　) optimistischer (　　) (　　).
**a** er　**b** desto　**c** wurde

(4) Die Zahl (　　), (　　) (　　) Ausland studieren wollen, geht leider zurück.
**a** im　**b** die　**c** derer

**1** a-b-c　**2** a-c-b
**3** b-a-c　**4** b-c-a
**5** c-a-b　**6** c-b-a

**4** 次の文章を読んで(1)と(2)の問いに答えなさい。

**Italien - das Land deutscher Sehnsucht**

In den letzten Jahrhunderten ist Italien von den deutschen Dichtern, Künstlern und Denkern immer wieder mit unterschiedlichen Zielen und Vorstellungen bereist und neu entdeckt worden. Hierbei interessierten sich die Italienbesucher immer wieder für dieselben Gegenstände: das Land mit seinen Naturschönheiten, die von der Antike über die Renaissance bis zur Gegenwart reichende Kultur und schließlich die Bewohner der verschiedenen italienischen Regionen. Das Hauptinteresse der Italienfahrer konzentrierte sich ( a ) die drei Städte Rom, Florenz und Venedig.

**Rom** galt jahrhundertelang als ( b ) weltlicher und christlicher Geschichte, als Caput Mundi, als ewige Stadt, als Kosmos im Kleinen. Während andere Städte, wie Florenz oder Bologna, Padua oder Neapel, ein geschlossenes Stadtbild besitzen, birgt Rom so viele verborgene Schätze, die selbst ein wochenlanges Durchstreifen erst langsam erschließt. In Rom haben Antike, Mittelalter, Renaissance und Barock ihre unauslöschlichen Spuren hinterlassen, hier umweht den Besucher mächtig der Geist der Geschichte, das Bewusstsein, auf demselben Boden zu wandeln wie Cäsar und Augustus, wie Apostel Paulus und Volkstribun Rienzi, wie Michelangelo und Raffael. Auch für Goethe stand der Romaufenthalt an der Spitze der italienischen Eindrücke. Hier fand er nach eigenem Bekenntnis zu sich selbst, hier sei er, „übereinstimmend" mit sich selbst, „glücklich und vernünftig" geworden.

**Florenz** stand lange Zeit im Schatten Roms. Wer von Florenz nach Rom fuhr, der vergaß alsbald die Stadt am Arno; wer die Städte in umgekehrter Reihenfolge besuchte, dem wollte Florenz nach der römischen Vielfalt und Monumentalität auch nicht recht schmecken. Erst in der zweiten Hälfte des neunzehnten Jahrhunderts, als die Vorliebe ( c ) Geschichte und Kunst der Renaissance geweckt war, erhielt Florenz einen eigenen Rang in der Perlenkette städtischer Attraktionen.

**Venedig**, die dritte Stadtattraktion Italiens, besticht durch seine eigentümliche geographische Lage und musste noch nie den Vergleich mit Rom scheuen. Schon immer galt es als exotische Perle des Mittelmeers, als Märchenstadt, wo Orient und Okzident einander die Hand reichen, Meer und Land sich begegnen. Eine Stadt für Träumer, die schon immer Künstler, Maler, Dichter und Komponisten inspiriert hat. Freilich blieben die Gefühle der meisten Reisenden zwiespältig gegenüber Venedig; die einen empfanden den Zauber, die andern sahen den ( d ), die einen rochen den Duft des salzigen Meers, die andern witterten Verfall.

(1) 文中の空欄( a )〜( d )に入れるのに適切な語を下の **1** 〜 **4** のうちから一つ選び，その番号を解答欄に記入しなさい。

| (a) | **1** in | **2** an | **3** für | **4** auf |
|---|---|---|---|---|
| (b) | **1** Vielfalt | **2** Trennung | **3** Zusammenhang | **4** Inbegriff |
| (c) | **1** für | **2** zu | **3** aus | **4** gegen |
| (d) | **1** Schmutz | **2** Glanz | **3** Traum | **4** Aufstieg |

(2) 本文の内容に合致するものを下の **1** 〜 **6** から三つ選び，その番号を解答欄に記入しなさい。ただし，番号の順序は問いません。

**1** Deutsche Italienreisende interessieren sich hauptsächlich für die Naturschönheiten und die Kultur des Landes.

**2** Rom wurde als Hauptstadt der Welt gelobt, was aber jetzt nicht mehr gilt.

**3** Goethe erfuhr in Rom eine Art Wiedergeburt.

**4** Florenz wird auch jetzt von den Touristen nicht so geliebt wie Rom.

**5** Venedig wurde und wird von den meisten Reisenden und Künstlern in besonderem Maße geliebt.

**6** Die meisten Venedigbesucher empfinden gleichzeitig positive und negative Gefühle zu dieser Stadt.

# 5

次の文章を読み，表を参照して，(1)～(2)の問いに答えなさい。

Nur ein ganz ( a ) Teil unseres Trinkwassers wird auch tatsächlich als Trinkwasser genutzt: Zwei Prozent des täglichen Verbrauchs — das sind ( b ) Liter — rinnen durch die Kehle — sei es pur, sei es in Essens- oder Getränkezubereitungen. Die übrigen ( c ) Prozent dienen anderen Zwecken, insbesondere der Sauberkeit und der Hygiene. So sind 57 Liter (40 Prozent) für ( d ) bestimmt, werden also vornehmlich zum Baden oder Duschen benutzt. Und ( e ) Liter (31 Prozent) rauschen nach dem kleinen oder großen Geschäft durch die Toilette.

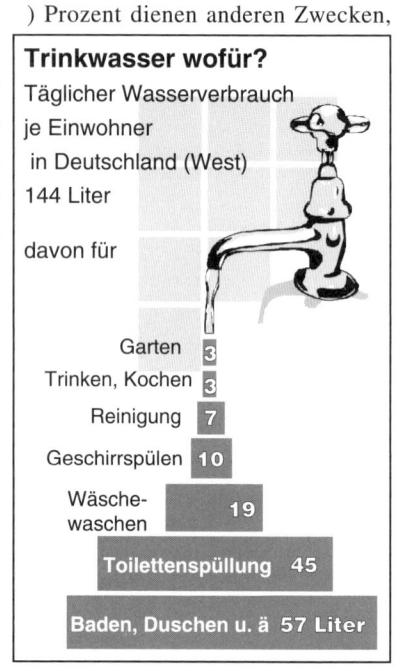

**Trinkwasser wofür?**
Täglicher Wasserverbrauch
je Einwohner
in Deutschland (West)
144 Liter

davon für

Garten 3
Trinken, Kochen 3
Reinigung 7
Geschirrspülen 10
Wäschewaschen 19
**Toilettenspüllung 45**
**Baden, Duschen u. ä 57 Liter**

(1) 空欄 ( a ) ～ ( e ) に入る最も適切な語をそれぞれ 1 ～ 4 のうちから一つ選び，その記号を解答欄に記入しなさい。

( a ) 1 geringer 2 großer
3 schrecklicher 4 beträchtlicher
( b ) 1 drei 2 sieben 3 zehn 4 neunzehn
( c ) 1 29 2 45 3 57 4 98
( d ) 1 den Geschirrspüler 2 die Gartenarbeit
3 die Körperreinigung 4 die Waschmaschine
( e ) 1 45 2 57 3 97 4 144

（2）本文および表の内容に関して正しく説明しているものを次の **1〜5** のうちから二つ選び，その番号を解答欄に記入しなさい。ただし，番号の順序は問いません。

**1** Der Wasserverbrauch im Haushalt nimmt ständig zu.
**2** Innerhalb des Wasserverbrauchs nimmt die Benutzung als Trinkwasser eine recht kleine Stellung ein.
**3** Am meisten benutzt man das Wasser im Haushalt dazu, um sich und das Haus sauber und hygienisch zu halten.
**4** Den größten Anteil des Wasserverbrauchs macht die Toilettenspülung aus.
**5** Angesichts des wachsenden Umweltbewusstseins geht man mit dem Wasser sehr sparsam um.

**6** ユーロに切り替わってからのドイツ人のチップの払い方がどう変わったのか，ある雑誌が経済学者の Schmitz 教授にインタビューしています。それぞれの答えに最も適当な問いを下の **1〜9** から選びなさい。ただし同じものは2度使いません。

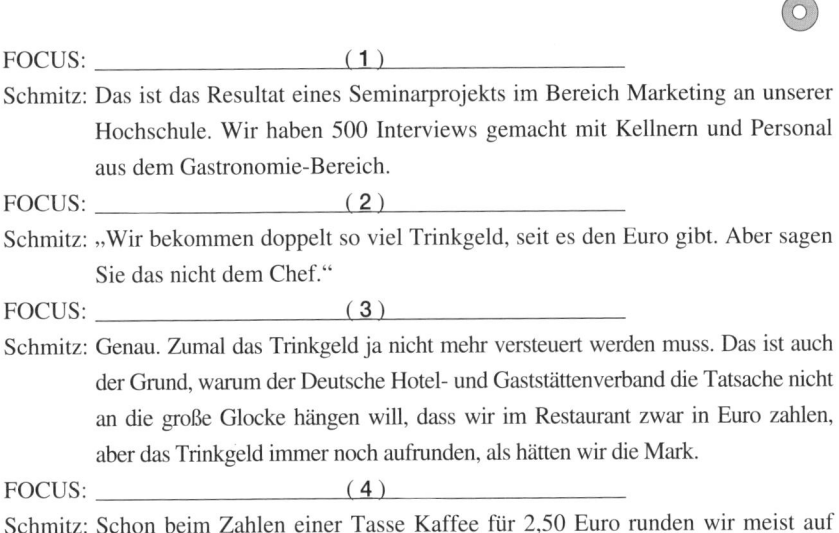

CD2-3

FOCUS: ＿＿＿＿＿＿＿＿＿＿（ 1 ）＿＿＿＿＿＿＿＿＿＿
Schmitz: Das ist das Resultat eines Seminarprojekts im Bereich Marketing an unserer Hochschule. Wir haben 500 Interviews gemacht mit Kellnern und Personal aus dem Gastronomie-Bereich.
FOCUS: ＿＿＿＿＿＿＿＿＿＿（ 2 ）＿＿＿＿＿＿＿＿＿＿
Schmitz: „Wir bekommen doppelt so viel Trinkgeld, seit es den Euro gibt. Aber sagen Sie das nicht dem Chef."
FOCUS: ＿＿＿＿＿＿＿＿＿＿（ 3 ）＿＿＿＿＿＿＿＿＿＿
Schmitz: Genau. Zumal das Trinkgeld ja nicht mehr versteuert werden muss. Das ist auch der Grund, warum der Deutsche Hotel- und Gaststättenverband die Tatsache nicht an die große Glocke hängen will, dass wir im Restaurant zwar in Euro zahlen, aber das Trinkgeld immer noch aufrunden, als hätten wir die Mark.
FOCUS: ＿＿＿＿＿＿＿＿＿＿（ 4 ）＿＿＿＿＿＿＿＿＿＿
Schmitz: Schon beim Zahlen einer Tasse Kaffee für 2,50 Euro runden wir meist auf 3,00 Euro auf, weil wir uns nicht trauen, 30 Cent von der Bedienung zurückzufordern. Ein Kollege von mir hat einmal 26 Euro auf 30 Euro aufgerundet. Wegen der vier Euro hat er mächtig Ärger mit seiner Frau bekommen. Die große Wirtschaft findet bürgernah auf der Straße statt. Der

Grund für das Zuviel an Trinkgeld erklärt sich psychologisch.

FOCUS: _____( 5 )_____

Schmitz: Ich werde beim Einkauf bei Saturn legitimiert, „geizig" zu sein, die Werbung erlaubt es mir. Einem Kellner gegenüber will niemand geizig auftreten, zumal wenn Freunde oder Geschäftspartner am Tisch sitzen. Die soziale Kontrolle durch die anderen ist dann enorm. Vor ihnen ist Geiz peinlich. Die Leute sind typisch deutsch gehorsam und haben Angst, knickrig zu wirken: „Was tut ‚man'?", fragen sie sich und runden doof in Dezimalsprüngen auf, anstatt nach ihrem Gefühl eine Leistung zu würdigen.

FOCUS: _____( 6 )_____

Schmitz: Dort wird nicht zu viel gegeben. Das Bezahlen in der Gastronomie ist fast eine Prüfungssituation, die im Stress vor anderen geschieht. Man will als guter Deutscher ja immer alles richtig machen und steht dabei unter Entscheidungsdruck. Im Taxi oder beim Friseur bleibt einem aber viel Zeit, sich die Höhe des Trinkgelds zu überlegen.

FOCUS: _____( 7 )_____

Schmitz: Die typischen fünf bis zehn Prozent Trinkgeld zu geben ist richtig, wenn der Service gut war. Und weil mich kein unerwarteter Zahlvorgang erwartet, habe ich immer Kleingeld in der Tasche, oder ich lasse mir das komplette Wechselgeld in kleineren Münzen herausgeben und entscheide dann in Ruhe, wie viel ich dem Kellner zurückgebe; so ist es in Frankreich oder Italien ja auch üblich.

FOCUS: _____( 8 )_____

Schmitz: Sollte man das Trinkgeld immer bar geben. Wer weiß, in welchem Gemeinschaftspool des Restaurantsbesitzers es sonst verschwindet. Trinkgeld ist für den Kellner wie eine Gage für einen Künstler. Gage wird auch bar ausbezahlt.

FOCUS: _____( 9 )_____

Schmitz: Ja, als Amateurzauberer begeisterte ich bei Seminaren zum Thema Marketing mein Publikum mit Kunststücken, nicht mit billigen Tricks.

1　Was antworteten die Kellner?
2　Warum geizen die Verbraucher beim Trinkgeld nicht? Geiz ist doch geil.
3　Wie verhalten Sie sich selbst beim Trinkgeldgeben im Restaurant?
4　Da haben Sie Erfahrung?
5　Aus Angst, weil die Arbeitgeber sonst die Löhne drücken?
6　Wie sollte man bei Zahlung mit Kreditkarte Trinkgeld geben?
7　Wie verhält sich das Trinkgeldgeben beim Friseur oder im Taxi?
8　Herr Professor Schmitz, worauf stützen Sie Ihre Behauptung, die Deutschen würden seit Einführung des Euro zu viel Trinkgeld geben?
9　Können Sie Beispiele nennen?

**7** 次の文章を読んで内容に合うものを下の1～8から四つ選び，その番号を解答欄に記入しなさい。ただし，番号の順番は問いません。

　　Elvis Presley, der „King von Rock'n' Roll", stammt von pfälzischen Auswanderern ab. Was noch nicht einmal dem Sänger selbst bekannt war, brachten jetzt zwei amerikanische Familienforscher ans Licht, die sich seit Jahren mit der Geschichte der Familie Presley beschäftigen. Die Ergebnisse ihrer Forschungen haben sie in einem Buch zusammengefasst, das anlässlich des 20. Todestages des Sängers erschienen ist. Presley starb am 16. August 1977.
　　Donald W. Presley aus Little Rock im US-Staat Arkansas und Edwin C. Dunn aus New Mexico sind beide Mitglieder des weitläufigen Presley-Clans. Sie stießen bei ihren Nachforschungen auf einen Urahn Elvis Presleys, Johann Valentin Pressler, der im Jahr 1710 auf einem Londoner Auswandererschiff nach Amerika kam und dort den Namen „Pressler" einführte. Diesen Namen habe die Familie behalten, bis ein Nachfahr, der im Sezessionskrieg an der Schlacht von Gettysburg teilgenommen hatte, in der Armee seinen Namen anglisierte. Seitdem laute der Familienname Presley.
　　Wie die beiden Forscher herausfanden, stammte Johann Valentin Pressler aus dem südpfälzischen Dorf Niederhochstadt, heute Hochstadt. Dort ist Pressler noch immer der häufigste Familienname. Vor 250 Jahren brachen Tausende von Pfälzern nach Amerika auf. Auch aus Hochstadt wanderten ganze Gruppen aus und gründeten in Pennsylvania einen Ort gleichen Namens.
　　Donald W. Presley hatte über seine eigene weitläufige Verwandtschaft mit dem Rock'n' Roll-Star selbst erst durch seine Nachforschung zum Namen „Presley" erfahren. Dabei stieß er auch auf den Elvis-Forscher Edwin C. Dunn, in dessen

Familie der Name „Presley" noch großmütterlicherseits vorhanden ist.

Als Elvis Presley Ende der 50er Jahre seinen Militärdienst im hessischen Bad Nauheim ableistete, ahnte noch niemand etwas von seinem deutschen Ursprung, und der „King" stattete seinem „Heimatort" folglich auch keinen Besuch ab.

1. Die Vorfahren Presleys hießen eigentlich Pressler und dieser Name war auch in den USA gebräuchlich.
2. Einer der Urahnen Presleys machte beim Sezessionskrieg aus dem deutschen Namen einen englisch klingenden Namen.
3. Aus der pfälzischen Heimatstadt wanderten viele nach Amerika aus, so dass es da einen Ort mit dem gleichen Namen gibt.
4. Die Ahnen Presleys stammten aus der Pfalz, von wo aus viele Auswanderer in die USA zogen.
5. Der eine der Forscher ist naher Verwandter Presleys, der andere hat ein Familienmitglied großmütterlicherseits, der Freund von Presley war.
6. Weil Elvis Presley von seiner Abstammung aus Deutschland ahnte, wollte er seinen Militärdienst daselbst machen, um mehr über seine Herkunft zu erfahren.
7. Presley machte ein Tourneekonzert in Hochstadt, wo seine Vorfahren herkommen, ohne von seiner hessischen Abstammung zu wissen.
8. Presley leistete seinen Militärdienst im hessischen Nauheim ab, wobei er aber von seiner pfälzischen Abstammung nichts wusste.

## 第1部　Erster Teil

1. 第1部の問題は(A)～(D)まであります。解答は選択肢 **1**～**4** の中から一つ選び、その番号を解答用紙の所定の欄に記入してください。（解答用紙は省略します。）
2. 最初にオーディオブックについてのテクストを1回聞いてください。
3. 次にテクストの内容に関する質問を1回、それに対する解答の選択肢四つを2回読み上げます。
4. 30秒後にテクストとそれに関する質問および解答の選択肢をもう1回読み上げます。
5. メモは自由にとってかまいません。
6. 第2部が始まるまで30秒の空き時間があります。

(**A**)　Wovon wird in diesem Text erzählt?
    1
    2
    3
    4

(**B**)　Was erzählt Frau Schulga?
    1
    2
    3
    4

(**C**)　Was ist wichtig für den Erfolg eines Hörbuches?
    1
    2
    3
    4

(**D**)　Was für eine Rolle spielt die Spieldauer eines Hörbuchs beim Kauf?
    1
    2
    3
    4

## 第2部　Zweiter Teil

1　第2部の問題は選択肢が**1**から**9**まであります。選択肢に目を通してください。そのための時間は3分間です。
2　次に映画『ハリー・ポッター』シリーズなどで知られる俳優の Daniel Radcliffe と雑誌 „Focus" とのインタビューを聞いてください。
3　1分後に同じものをもう1回聞いてください。
4　読み上げられた内容に合うものを，選択肢**1**から**9**のうちから四つ選び，その番号を解答用紙の所定の欄に記入してください。ただし，番号の順序は問いません。
5　メモは自由にとってかまいません。
6　2回目の放送のあと，およそ1分後に試験終了のアナウンスがあります（省略）。試験監督者が解答用紙を集め終わるまで席を離れないでください。

**1**　Radcliffe glaubt nicht an Geister, obwohl er weiß, dass es das Publikum enttäuschen wird.
**2**　Der neue Film „Die Frau in Schwarz" zeigt viele Ähnlichkeiten mit „Harry Potter", so dass der Schauspieler beim Einspielen keine Schwierigkeiten hatte.
**3**　Die Kinder, die „Harry Potter"-Filme gesehen hatten, waren der Meinung, dass die Filme sehr Angst einflößend sind.
**4**　Der Protagonist des neuen Films, den Radcliffe spielt, ist ganz anders gestaltet als Harry, den Radcliffe zehn Jahre lang spielte.
**5**　Radcliffe hofft, dass das Publikum ihn in der neuen Rolle ebenso akzeptiert wie vorher in der Rolle von Harry Potter.
**6**　Die Tätigkeit auf der Theaterbühne hat Radcliffe seiner Meinung nach zum neuen Film reif gemacht.
**7**　Radcliffe wollte nicht auf der Bühne spielen, weil er davor große Angst hatte.
**8**　Radcliffe will gerne in einer neuen Inszenierung eines Theaterstücks von Shakespeare auftreten.
**9**　Radcliffe möchte immer seinen Namen in Theaterbroschüren groß geschrieben sehen.

„Die Frau in Schwarz": Radcliffe が出演する映画

## 解答

　独検準1級では，ここ数年は大問7題が出題されます。最初の3問が語彙・熟語系の問題，第4問が読解問題，第5問が図表データと関連する文章を読み解く問題，第6問がインタビューの質問を配列する問題，そして第7問が長文を読んで，正誤を判断する問題となっています。1級ほどではなくても，一定量のドイツ語の文章を読んでいく能力が必要となります。

### 1
●**正解**　（1）4　　（2）3　　（3）3　　（4）2　　（5）4
●**解説**（大意）
（1）　彼は民族間の相互理解に多大な貢献をした。
　　　zu et³ beitragen = einen Beitrag zu et³ leisten: 〜に貢献する
　　　die Völkerverständigung: 民族間の相互理解
（2）　彼が試験に受かるだろうことは明白だ。
　　　auf der Hand liegen: 明白である
　　　die Prüfung bestehen <=> in der Prüfung durchfallen: 試験に落ちる
（3）　演説の中で彼は感謝の念をはっきりと伝えた。
　　　et⁴ ausdrücken = et⁴ zum Ausdruck bringen: 〜を表現する
　　　zum Ausdruck kommen: 表現される
（4）　すみませんが，書類に記入してもらえますか？
　　　j³ einen Gefallen tun: 〜に好意を示す
　　　お願いの表現のバリエーションとして，„Können Sie mir bitte einen Gefallen tun?"「お願いできますか？」を知っていると便利です。ほかにも，Es wäre freundlich/nett von Ihnen, wenn Sie ... könnten/würden.「〜していただけると助かるのですが」といった表現もできます。準1級レベルでは，こうしたていねいさやフォーマルさの度合いをさまざまに変えた表現に，ある程度対応できるようになっているのが理想です。
（5）　私にはこの課題を果たすことができない。
　　　außer Stande sein = nicht in der Lage / im Stande sein: 〜できない
　　　なお，Stande の -e 語尾は，かつて男性と中性3格にあったもので，おなじみなのは，nach Hause の -e です。

### 2
●**正解**　（1）2 / Sorge　（2）1 / Hilfe　（3）1 / Essen　（4）4 / Urteil　（5）1 / Streit
●**解説**　動詞とその名詞の関連を問う問題です。おそらくこれからの独検は，単なる熟語などの知識を問う問題よりも，こうした応用力を試す問題が多くなると思

います。
( 1 ) sich um et⁴ sorgen: 心配する，気にかける／in Sorge sein: 心配する
 (a) うちの子はどこに行った？　だんだん心配になってきたぞ。
 (b) 彼のお母さんは重病だ。彼はとても心配している。
( 2 ) j³ [bei et³] helfen: 人³を～³の際に手伝う
 j³ Hilfe leisten: 人³に援助する，手を差しのべる
 (a) 娘は難しい宿題でうなっているぞ。手伝ってあげたらいいかな。
 (b) 事故にあった人々を助けるのは，私たちの義務です。
( 3 ) essen: 食べる／das Essen einnehmen: 食事をとる
 (a) 明日はたまには学食では食べないことにしよう。
 (b) 派遣団団員はどこで食事をとることになっているのでしょうか？
( 4 ) urteilen: 判断する／das Urteil sprechen: 判決を言い渡す
 (a) 休暇の場所が気に入らないって？　でもまわりのことをよく知っているわけでもないのだろ。そんなにあっさり決めつけたらダメだよ。
 (b) 法廷は審議のために退席した。続いて判決が言い渡されるはずだ。
( 5 ) sich streiten: (互いに)争う／im Streit liegen/sein: 闘争中である
 (a) 二人の子どもたちには同じおもちゃを買うべきだったね。ケンカしないか心配だよ。
 (b) たぶん二人を仲直りさせることがようやくできそうだね。彼らは何年もケンカしていたんだ。

**追加練習〈動詞と名詞〉**

 1) freuen — die _____   2) sorgen — die _____
 3) ärgern — der _____   4) irritieren — die _____
 5) helfen — die _____   6) gefallen — der _____
 7) begegnen — die _____   8) essen — das _____
 9) sprechen — die _____ / der _____
 10) einkaufen — der _____ 11) kontrollieren — die _____
 12) fahren — die _____   13) fallen — der _____
 14) verteilen — die _____   15) urteilen — das _____
 16) streiten — der _____   17) entscheiden — die _____
 18) sich unterhalten — die _____

**答え**

1) Freude　2) Sorge　3) Ärger　4) Irritation　5) Hilfe　6) Gefallen
7) Begegnung　8) Essen　9) Sprache / Spruch　10) Einkauf
11) Kontrolle　12) Fahrt　13) Fall　14) Verteilung　15) Urteil

16) Streit　17) Entscheidung (der Entscheid)　18) Unterhaltung (der Unterhalt)

3
●正解　（1）4　　（2）4　　（3）4　　（4）6
●解説（大意）
（1）　その本が出版されていたら，国中が動揺しただろう。
　　　wenn を省略して，定動詞で始める構文です。また，受動の完了形では sein が使われる点もチェックしてください。
（2）　政治家はもともとはその問題に距離を置きたがっていた。
　　　再帰代名詞 sich や人称代名詞，さらには心態詞（気持ちの細やかなニュアンスを表す doch, denn, ja, aber など）などは，定動詞（第2位）に近い位置に置かれます。ドイツ語では重要な情報ほど文の後ろに，情報量が少ないものほど前に来ることを確認してください。
（3）　彼の経済状況が悪化すればするほど，彼は楽観的になっていった。
　　　＜ je ＋比較級, desto / um so ＋比較級＞「～すればするほど，…」の構文では，je で始まる文が副文，desto / um so で始まるのが主文です。
（4）　留学したいと思う人の数は，残念ながら減少している。
　　　derer は複数2格の指示代名詞で，関係代名詞の先行詞として使う用法で登場します。

　準1級では語順を問う問題が出題されるようになっています。語順問題では，次のような点を確認してください。
・情報量の少ない，かつ音節の少ない語ははじめの方に来る。典型的なのが sich で，主語が長く，かつ文頭にない場合には，sich が主語の前に位置することもあります。
　　Gestern hat sich ein ausländischer Student nach einem Stipendium erkundigt.
　　　きのうある留学生が奨学金のことを尋ねてきた。
・3格と4格の目的語を取る動詞の場合（例：geben, schenken など），2つとも代名詞の場合には＜4格＋3格＞の順序となる。
　　Ich schenke meinem Mann diesen Sportwagen. — Wie bitte? Schenkst du ihn ihm??
　　　主人にこのスポーツカーを贈りますの。　なんですって？　彼にそれを??
・主に仮定を表す wenn などを省略して，定動詞から始める表現がある。
　　Hätte ich damals in Deutschland studiert, dann könnte ich besser Deutsch sprechen.
　　　当時ドイツに留学していたら，ドイツ語を上手に話せるだろうに。
・助動詞の完了構文（動詞要素が3つ）の副文では，haben の位置に注意！
　　Ich weiß nicht, wann er unsere Mail hat lesen können.

彼が私たちのメールをいつ読むことができたのか，私には分からない。
・疑問代名詞などと auch immer がセットになった，「～であっても，～であれ」という譲歩，認容の表現があり（この場合，助動詞 mögen がよく登場），主文では語順がそのままな点に注意。

Was er auch immer sagt (sagen mag), das klingt gar nicht glaubwürdig.
彼が何を言おうと，信じるに値するようには全く思えない。

# 4
- **●正解**　(1)(a) 4　(b) 4　(c) 1　(d) 1　(2) 1, 3, 6（順不同）
- **●解説**　実際の出題では，もう少し短めの問題文となります。この問題もそうですが，「ドイツ人にとってのイタリア」という文化背景を知っていれば，いくらか分かりやすくなるはずです（とはいえ，1級レベルの問題文と言っていいでしょう）。ドイツ語そのものの学習とともに，ドイツの文化や歴史などに関する本を読むことが，遠回りのようでもドイツ語力の向上につながります。
- **●大意**

イタリア—ドイツ人のあこがれの地

　過去数世紀にわたって，イタリアはドイツの詩人，芸術家，思想家によって再三さまざまな目的とイメージとともに旅の目的地となり，新たに発見されてきた。旅行者が感心を持つのは，いつも同じ対象で，自然美に富み，古代からルネサンス，さらには現代につながる文化，地域ごとの住民である。イタリアに対する関心は，ローマとフィレンツェ，ヴェネツィアに集中している。

　ローマは長いあいだ世俗の歴史とキリスト教の歴史そのもの，世界の首都，永遠の都，小さな宇宙として捉えられてきた。他の都市のイメージが閉じられた，完結したものだとすれば，ローマは何週間にもわたって歩きまわることではじめて見いだすことができるような多くの富を隠している。ローマには古代，中世，ルネサンスそしてバロックが消すことのできない痕跡を残し，訪問者は歴史の息吹き（精神），カエサルやアウグストゥス，使徒パウロやリエンツィ，ミケランジェロやラファエロの歩んだ同じ大地を踏むという思いに包まれる。ゲーテにとってもローマ滞在は彼のイタリア紀行のハイライトだった。彼自身の告白によれば，彼はここで自らを見いだし，「自らと一致し」，「幸福で理性的」になったという。

　フィレンツェは長いあいだローマの影の位置に甘んじていた。フィレンツェからローマへ行くと，アルノー河畔の町フィレンツェをすぐに忘れてしまう。逆の方向で旅をすると，ローマの多様性と壮大を前にフィレンツェがかすんでしまう。19世紀後半になってようやく，ルネサンスの歴史や文化への関心が高まることで，フィレンツェは魅力的なイタリア諸都市のなかで独自の地位を占めるようになった。

3番目のヴェネツィアは独特の地理によって抜きんでており，ローマと比較されることにおびえる必要はなかった。ヴェネツィアは地中海のエキゾチックな宝石，東洋と西洋が，海と大地が出会うメルヒェンの街と見なされてきた。多くの芸術家にインスピレーションを与え続けた夢想家のための街でもある。ヴェネツィアに対する感情は分裂したものとなった。魅力を感じたものもいれば，汚さに目をとめたものもいるし，海の香りを楽しんだものもいれば，退廃（崩壊）のにおいを嗅ぎつけたものもいる。

●語彙

von A über B bis zu C reichen: AからBを経てCに達する　　sich⁴ auf ... ⁴ konzentrieren: 〜⁴に集中する　　als ... gelten: 〜とみなされる　　weltlich: 世俗の (<=> geistlich: 宗教の，christlich: キリスト教の)　　Caput Mundi: [ラテン語]世界の頭(= 首都)　　bergen: 隠している　　unauslöslich: 消すことのできない　　umwehen: (風に)包まれる　　der Volkstribun Rienzi: (14世紀の)護民官リエンツィ（R. ワーグナーのオペラ『リエンツィ，最後の護民官』で有名）　　das Bekenntnis: 告白　　der Arno: アルノー川（フィレンツェを流れる川）　　umgekehrt: 逆の　　die Perlenkette: 真珠のネックレス　　bestechen: 心を捉える　　eigentümlich: 特有の　　scheuen: おそれる，はばかる　　j³ die Hand reichen: 人³に手を差し出す　　zwiespältig: 分裂した，2つに割れた　　der Zauber: 魅力　　der Schmutz: 汚れ　　wittern: 嗅ぎつける

**5**

●正解　（1）（a）1　（b）1　（c）4　（d）3　（e）1　（2）2, 3（順不同）

●解説　図表とテクストを組み合わせた問題は，総合的に情報を読み取る能力を問う準1級では適当な形式なので，今後も出題されるパターンだと思います。新聞や雑誌，あるいは連邦統計局（Statistisches Bundesamt）などのHPなどから，同様の図表と記述を探して読む練習をしてはどうでしょうか。

●大意

　飲料水のうちごく限られた量だけが，実際に飲料に用いられる。そのままの飲用であれ，食事や飲み物の用意のためであれ，日常の消費の2パーセントのみであって，3リットルにあたるが，それが喉を通ることになる。

　残りの98パーセントはほかの目的に利用されており，とりわけ清潔と衛生のために用いられる。57リットル（40パーセント）は身体洗浄に使われ，つまりは風呂やシャワーで使われる。そして45リットル（31パーセント）が，大小の用を済ませたあとにトイレを流れることになる。

（1）大意を参照してください。
（2）　1　家庭における水の使用は常に増加している。
　　　2　水使用の中で，飲料水としての使用はごく小さな位置しか占めていない。

3 家庭で水が使われるのは，清潔と衛生を維持するためである。
4 水使用で一番割合が高いのはトイレでの使用である。
5 環境意識の高まりのなか，人々は水を節約して実に大切に使っている。
（事実としてはそうなのですが，テクストには書かれていないので正解ではありません。）

●語彙
gering: 少ない　　　der Verbrauch: 消費　　　die Kehle: 喉
pur: 純粋な，そのままの　　die Zubereitung: (食事などの)用意
der Zweck: 目的　　die Sauberkeit: 清潔　　　die Hygiene: 衛生
die Reinigung: 洗浄　　　　vornehmlich: 特に　　rauschen: ざわざわいう
das Geschäft: (一般には)店，仕事　(ここでは)用便
der Geschirrspüler: 食器洗浄機　　die Gartenarbeit: 庭仕事
die Waschmaschine: 洗濯機

6
●正解
(1) 8　(2) 1　(3) 5　(4) 9　(5) 2　(6) 7　(7) 3　(8) 6　(9) 4
●訳例
FOCUS: シュミッツ教授，ドイツ人がユーロ導入以来チップを払いすぎるという主張は何にもとづいているのですか？(8)
Schmitz: 私たちの大学でのマーケティングに関するゼミナールプロジェクトの結果です。私たちはウェイターやレストラン業界の人たちと500のインタビューをしたのです。
FOCUS: ウェイターたちは何と答えましたか？(1)
Schmitz: 「ユーロが始まってから2倍のチップをもらっています。だけど上司には言わないでください。」
FOCUS: そうしないと雇い主が賃金を低く抑えるかもしれないという不安からですか？(5)
Schmitz: その通り。チップはもう課税されなくなっていますから。さらには私たちがレストランでは確かにユーロで支払いをしているものの，チップに関してはいまだにマルクで払っているつもりで端数を切り上げる事実を，ドイツのホテル・飲食店連盟が黙っている理由でもあります。
FOCUS: 例を挙げてくれませんか？(9)
Schmitz: 2,50ユーロのカップ1杯のコーヒーで，私たちはたいてい3ユーロに切り上げてしまいます，というのはウェイターに30セント戻してくれと言う気にはなれないからです。私の同僚などは26ユーロを30ユーロにまで切

り上げていました。この4ユーロのせいで，奥さんとずいぶんもめたようです。大規模な経済活動が市民の領域で，日常的に起こっているのです。なぜチップを払いすぎるのかは心理学的に説明できます。

FOCUS: なぜ消費者はチップに関してケチケチしないのですか？ 「ケチはすばらしい」（SATURNの広告のコピー）というじゃないですか。(2)

Schmitz: SATURNで買い物をするときにケチであることは正当に認められているわけです，広告がそう言っているのですから。ウェイターからは誰だってケチだと思われたくないですし，特に友人や商談相手が一緒に座っていればなおのことです。他者による社会的な規制というのは，とても大きなものです。人の前でケチであることは恥ずかしいことです。みんな典型的にドイツ風の従順さを発揮して，しみったれだと思われるのが不安なのです。「"みんな"はどうする？」と自問して，自分の感情にもとづいてサービスの質を推し量る代わりに，あっさりと小数を切り上げてしまうのです。

FOCUS: 理容店やタクシーでのチップはどうでしょうか？(7)

Schmitz: そうした場所ではそんなに多く払われないのです。飲食業界での支払いは，他人の眼というストレスの中で起こる試練のようなものです。よきドイツ人としてすべてをキチンとこなし，そのせいで正しく決めなければと苦しむのです。しかし，タクシーの中や理容店では，チップの金額を落ち着いて決める時間が十分にあるのです。

FOCUS: あなた自身はレストランでチップを払うときはどうしますか？(3)

Schmitz: サービスがよければ，典型的な5～10％のチップでいいわけです。私自身はいつも支払いの場面に対処ができているので，いつも小銭をポケットに入れておくか，おつりを全部少額のコインで出してもらって，それから落ち着いてどれくらいウェイターにあげるか考えています。これはフランスやイタリアでも一般的なのです。

FOCUS: クレジットカードで支払うときは，どのようにチップをあげたらいいですか？(6)

Schmitz: チップはいつも現金であげたほうがいいのです。そうしないと，チップがレストラン経営者のチップをためておく共同のプールに消えてしまう可能性も大きいですから。チップは芸術家にとってのギャラと同じようなものです。ギャラも現金で払われますし。

FOCUS: 経験があるのですか？(4)

Schmitz: ええ，素人マジシャンとして，マーケティングに関するゼミではワザを使って私のお客(学生)を喜ばせていますよ，それなりに手の込んだトリックでね。

7
● 正解　2, 3, 4, 8（順不同）
● 大意
　　「ロックンロール・キング」，エルヴィス・プレスリーは，プファルツ地方からの移民にルーツがある。歌手自身がまったく知らなかったことを，プレスリー家の歴史と取り組んでいたアメリカの家系研究者2人が明らかにした。研究結果は本にまとめられ，プレスリー没後20周年に公刊された。プレスリーは1977年8月16日に死去している。
　　アーカンソー州リトルロック出身のドナルド・W・プレスリーとニューメキシコ出身のエドウィン・C・ダンは，ともに大きく広がったプレスリー一族に属する。研究の中で二人はエルヴィス・プレスリーの祖先，ヨハン・ヴァレンティン・プレスラーに行き当たった。この祖先は1710年，ロンドンで移民船に乗りアメリカに渡って，プレスラーの名を定着させた。この名前を一族は使い続けたが，南北戦争におけるゲッティスバーグの戦いに参戦したある子孫が，軍隊で自分の名前を英語化したのだった。それからは姓はプレスリーとなった。
　　二人の研究家が明らかにしたように，ヨハン・ヴァレンティン・プレスラーは南プファルツのニーダーホーホシュタット村，現在のホーホシュタットの出身である。そこではプレスラーの名はいまでも一番多い姓である。250年前に数千人ものプファルツ人がアメリカを目指して旅立った。ホーホシュタットからもたくさんのグループが移民し，ペンシルヴァニアに同名の町を作った。
　　ドナルド・W・プレスリーは，「プレスリー」という名を調べているうちに，自分がロックンロールのスターの遠い親戚にあたることに行き当たった。その際に，彼はエルヴィス研究家であるエドウィン・C・ダンと出会うが，彼の一族では祖母のほうに「プレスリー」の名が伝わっていた。
　　エルヴィス・プレスリーが50年代の終わりにヘッセン州のバート・ナウハイムで兵役をしていたとき，だれも彼のルーツがドイツにあろうとは予感すらしなかったし，それで「キング」も「故郷の町」を訪問するということもなかったのだった。

1　プレスリーの祖先はもともとプレスラーという名で，この名はアメリカ合衆国でも一般的だった。
2　プレスリーの祖先のひとりが南北戦争の歳にドイツの名前を英語のように聞こえる名前にした。
3　プファルツの故郷の町から多くのものがアメリカに移民し，その結果そこには同じ名前の町が存在している。
4　プレスリーの祖先はプファルツの出身であり，そこから多くがアメリカ合衆国に移民した。

5 研究者のうちの一人はプレスリーの近縁者であり，もう一方はプレスリーの友人だった人が祖母の系統の家族にいる。
6 エルヴィス・プレスリーは自らの出自がドイツにあることを予感していたので，出自についてもっと知ろうと思い，兵役をドイツでしようと思っていた。
7 プレスリーは祖先の出身地であるホーホシュタットでツアーコンサートをしたが，自らがヘッセン出身であることについては知らないままだった。
8 プレスリーはヘッセンのナウハイムで兵役をしたが，自らの祖先がプファルツ出身であることは知らなかった。

●語彙

von et³ abstammen: ～³にルーツがある　　pfälzisch: プファルツの
der Auswanderer: (外国への)移民　(der Einwanderer: (国内への)移民)
et⁴ ans Licht bringen: ～⁴を明るみに出す，明らかにする
sich mit et³ beschäftigen: ～³と取り組む　　das Ergebnis: 結果
zusammenfassen: まとめる，要約する　　anlässlich ...²: ～²の機会に
das Mitglied: 会員，一員　　　　der Clan: 一族
auf et⁴ stoßen: ～⁴に行き当たる　　der Urahn: 祖先
einführen: 導き入れる　　　　　der Nachfahr[e]: 子孫
der Sezessionskrieg: (アメリカ)南北戦争　　die Schlacht: 戦い，戦闘
an et³ teilnehmen: ～³に参加する　　anglisieren: 英語化する
aufbrechen: 出発する　　　　　gründen: 創設する
weitläufig: 広い，広範な　　　　den Militärdienst ableisten: 兵役に服する
ahnen: 予感する　　　　　　　Besuch abstatten: 訪問する

―――聞き取り試験 トランスクリプション―――

## 第1部  Erster Teil

„Mach mehr aus deiner Zeit!" — Nach amerikanischem Vorbild „Double your time!" genießen immer mehr Menschen beim Autofahren, auf Reisen, bei der Hausarbeit oder beim Sport Literatur zum Hören. Die sogenannten Audio Books gewinnen am Markt für Wortkassetten und -CDs zunehmend an Bedeutung.

Wer glaubt, die Hörbuchkonsumenten seien zu faul zum Schmökern, der irrt. Im Gegenteil: „Nur Leute, die viel lesen, kaufen auch Audio Books. Entsprechend schlecht geht Trivialliteratur, weil Nicht- oder Wenigleser einfach keine Hörbücher akzeptieren", erklärt Grete Schulga von einem Hamburger Verlag.

Gern gehört werden klassische und neue Literatur, Hörspiele sowie Krimis als Lesungen von Schauspielern oder den Autoren selber. Entscheidend für den Erfolg eines Hörbuchtitels ist neben der Qualität der Produktion die Popularität des Vortragenden. Goethes „Faust" mit dem berühmten Schauspieler Gustaf Gründgens ist ein Dauerbrenner — seit 1954 wurde der Klassiker 250 000mal verkauft. „Sofies Welt" von Jostein Gaarder, auch als Buch ein Bestseller, ging seit Erscheinen im Herbst 1995 knapp 38 000mal als Kassette oder CD über den Ladentisch — und das trotz oder gerade wegen der Spieldauer von mehr als 400 Minuten. Denn bei Hörbüchern gilt: Je länger sie dauern, desto begehrter sind sie.

( A )　Wovon wird in diesem Text erzählt?
　　**1** Dass Audio Books immer mehr an Bedeutung gewinnen.
　　**2** Dass die Qualität der jetzigen Hörbücher der Erwartung der Hörer nicht entspricht.
　　**3** Dass das gegenwärtige Lesepublikum vom Hörbuch keine Notiz nehmen will.
　　**4** Dass Hörbücher nicht so gut verkauft werden, wie man erwartet hat.

( B )　Was erzählt Frau Schulga?
　　**1** Wer gar nicht oder nur wenig liest, akzeptiert Audio Books.
　　**2** Vielleser kaufen auch Audio Books.
　　**3** Leser der Trivialliteratur sind Benutzer von Audio Books.
　　**4** Hörbuchkonsumenten sind zu faul zum Lesen.

(C) Was ist wichtig für den Erfolg eines Hörbuchs?
1 Dass der Vortragende Gustaf Gründgens ist.
2 Dass der Sprecher populär ist.
3 Dass der Vortragende klar und deutlich spricht.
4 Dass der Sprecher eine tiefe, angenehme Stimme hat.

(D) Was für eine Rolle spielt die Spieldauer eines Hörbuchs beim Kauf?
1 Die Spieldauer spielt keine Rolle, der Inhalt ist sehr wichtig.
2 Je kürzer die Spieldauer ist, desto besser wird das Hörbuch verkauft.
3 Je länger die Spieldauer ist, desto besser wird das Hörbuch verkauft.
4 Die Spieldauer soll möglichst 400 Minuten nicht überschreiten.

●解答　(A) 1　(B) 2　(C) 2　(D) 3
●大意

　「時間をもっと有効に使おう」──アメリカの「時間を2倍使おう」という模範にしたがって，次第に多くの人々が運転の際に，旅で，家事のかたわら，あるいはスポーツをしながら聞く文学を楽しむようになっている。いわゆるオーディオ・ブックがカセットやCD市場で次第に重要性を増している。

　こうした聞く文学を楽しもうという人は読む気のない怠け者と考えるのは間違っている。逆なのだ。「多く読む人たちがオーディオ・ブックを買うのです。そんな訳で通俗文学は売れません，本を読まなかったり，ほとんど読まない人たちはまったく朗読ものに手を出さないからです。」そうハンブルクにある出版社のグレーテ・シュルガさんは話している。

　好まれるのは，古典文学や現代作品，演劇や推理もので，俳優や作者自身の吹き込みによるものである。あるタイトルが売れるかどうかの分かれ目は製品の質もさることながら，朗読者の知名度である。有名な俳優のグスタフ・グリュントゲンスの参加したゲーテの『ファウスト』はロングセラーであり，この古典作品は1954年から25万部を売っている。ガーダーの『ソフィーの世界』は書籍としてもベストセラーだったが，カセットやCDでも1995年秋に登場以来，ほぼ3万8千部弱が売れた。これは400分以上の録音時間にもかかわらず，というよりはまさにそのためなのだ。長いものほど需要は多いのだ。

## 第 2 部　Zweiter Teil

**FOCUS Online**: Herr Radcliffe, glauben Sie eigentlich an Geister?

**Daniel Radcliffe**: Nein, überhaupt nicht, noch nie. Ich weiß, das enttäuscht die Leute sehr.

**FOCUS Online**: Warum haben Sie sich nach Harry Potter ausgerechnet für einen Film entschieden, in dem Sie wieder knarzende Türen öffnen und dahinter angsteinflößende Dinge finden?

**Radcliffe**: Nun, das trifft ja auf sehr viele Filme zu. Auf jeden, der mit Spannung arbeitet. Ich finde überhaupt nicht, dass „Die Frau in Schwarz" irgendwelche Ähnlichkeiten mit Harry Potter hätte. Der aktuelle Film ist sehr viel düsterer und kein Kinderfilm. Ich würde niemandem raten, ein Kind unter zwölf Jahren in den Film mitzunehmen. Es gibt weder Blut noch extreme Gewalt, aber er ist zum Fürchten. Das beschäftigt Kinder meiner Meinung nach im Nachhinein mehr.

**FOCUS Online**: Die letzten „Harry Potter"-Filme haben Kindern aber schon gehörig Angst eingeflößt.

**Radcliffe**: Interessanterweise sagten die Kinder bei den Test-Vorführungen zu „Harry Potter" immer: Nein, er war nicht gruselig. Die Eltern waren entsetzt. Sie hatten nämlich richtig Angst bekommen.

**FOCUS Online**: Nach welchen Kriterien haben Sie den ersten Film nach Potter ausgewählt?

**Radcliffe**: Unter den Büchern, die man mir anbot, war es das einzige, das für mich einen überzeugenden Film ergeben konnte. Es war sehr ausgefeilt. Obwohl es wenige Dialoge und viele Szenenanweisungen enthielt, las ich es auf einen Rutsch, wie einen guten Roman. Harry ist mir sehr ähnlich, was daran liegt, dass ich ihn mit zehn Jahren spielte. Er hatte meine Energie und meine Art, an die Dinge heranzugehen. Arthur hingegen hat einen schrecklichen Verlust erlitten. Er ist vollkommen verloren, unbeteiligter Zuschauer seines eigenen Lebens. Ihm wurde jegliche Energie geraubt. Er ist somit ein Anti-Harry.

**FOCUS Online**: Meinen Sie, das nimmt Ihnen das Potter-Publikum ab?

**Radcliffe**: Ich hatte mir schon Sorgen gemacht, dass die Zuschauer in mir immer nur Harry Potter sehen würden. Aber die Tatsache, dass ich keine Brille trage und auch ganz anders gekleidet bin, verhindert das. Glaube ich. Hoffe ich zumindest. Das Thema ist auch ganz anders. Es geht um Verlust, um Trauer und darum, nicht nach vorne blicken zu können.

[……]

**FOCUS Online**: In Ihrem aktuellen Film spielen Sie den Vater eines Kindes. Sind Sie erwachsen geworden?
**Radcliffe**: Die Zeit auf der Theaterbühne hat mir sehr geholfen. Sie hat mich als Schauspieler, so hoffe ich, wachsen lassen. Ich habe mich aber nicht bewusst bemüht, irgendwie erwachsener zu werden. Ich finde es total peinlich, wenn Leute sich älter geben. Ich wollte einfach den Charakter von Arthur treffend darstellen und dabei natürlich auch die Beziehung zum Kind.
**FOCUS Online**: Wie sieht es im richtigen Leben damit aus?
**Radcliffe**: Ich bin sicher älter geworden, aber fühle mich nicht wirklich reifer. Obwohl das Theaterspielen schon Spuren hinterlassen hat.
**FOCUS Online**: Inwiefern?
**Radcliffe**: Ich werde als Schauspieler besser und ich weiß besser, was mich glücklich macht. Ich habe mir ziemlich viele Sorgen gemacht über meine berufliche Entwicklung. Das ist besser geworden.
**FOCUS Online**: Würden Sie gerne wieder am Broadway auftreten?
**Radcliffe**: Auf jeden Fall! Am liebsten würde ich in einer Erstaufführung mitwirken. Egal wie gut eine Produktion ist, wenn es sich nicht gerade um Shakespeare handelt, werden die Leute das Stück immer mit dem Original vergleichen. Wenn man ein Theaterstück kauft, steht doch auf den ersten Seiten stets, von wem es zuerst aufgeführt wurde. Es wäre mein absoluter Traum, eines Tages bei einem Stück dort meinen Namen lesen zu können.
[……]

●解答　1, 4, 5, 6（順不同）
●大意
Focus Online (F):　ラドクリフさん，お化けを信じますか？
Daniel Radcliffe (R):　いえ，全然，そう言えばみんなをがっかりさせることはわかっていますが。
F:　そうしてなぜハリー・ポッターのあとで，よりによってまたギイギイいうドアが開いて怖いものが出てくるような映画に出演することにしたのですか。
R:　それは，多くの映画に当てはまることです。ワクワクさせようという映画はすべて当てはまることです。「黒い衣装の女」という映画がハリー・ポッターと似ているとは全く思いません。今回の映画はずっと暗くて子ども映画ではありません。12歳未満の子どもには見せてほしくないのです。血やらひどい暴力はなくとも，怖いのです。子どもにはあとから効いてくると思います。
F:　ハリー・ポッター・シリーズも子どもたちを十分に怖がらせていましたよね。

R: おもしろいことに試写会に来た子どもたちは，残酷じゃないと言っていました。親たちのほうが怖がって，本当に不安になっていました。
F: どういう基準でポッター後初めての映画を選んだのですか？
R: 提供された台本のなかで，私にとってしっかりした映画になると思えたのが1つだけだったのです。会話シーンは少なく，ト書きが多いにしても，よい小説を読むときのように一気に読みました。ハリーは10年間演じ続けたこともあって，私に似ています。私のようなエネルギーがあり，事物へのアプローチ法も同じです。それに対してアーサーは恐ろしい喪失を体験しました。どうしてよいか分からず，自らの人生の傍観者になっています。エネルギーもなく，アンチ・ハリーなのです。
F: ポッターを観てきた観客が離れてしまうと思いますか？
R: 観客は私をハリー・ポッターと同一視してしまうのではないかという心配をしていました。それでも，眼鏡をかけず，衣装も異なることで，そうならなかったと思っていますし，望んでいます。映画の主題もまったく違います。喪失感，悲しみ，前向きになれないことがテーマなのです。
［中略］
F: 今回の映画では父親役を演じますね。成長したのでしょうか。
R: 演劇に取り組んだ時期が私にとって助けとなりました。役者として成長させてくれたと思います。でも成長しようと意識的に努力したわけではないのです。年長のふりをする人を見ると恥ずかしくなります。私はただアーサーの性格と子どもとの関係を的確に演じようとしただけです。
F: 実生活ではどうなのでしょうか。
R: 年を取ったのは確かですが，本当に成熟したとは感じていません。たしかに演劇に取り組んだことが私を変えてもいますが。
F: どのような点で？
R: 俳優としてよくなり，どうすれば幸せになるかもよく分かるようになりました。自分の仕事がどうなっていくのかけっこう心配したものです。それもいい方向に変化したのです。
F: またブロードウェイで出演したいですか？
R: もちろん！　できれば初演に出演したいのです。シェークスピア作品ではなくても，作品の質に関係なく，人々は作品をオリジナルと比較したがります。劇の本を買うと，最初の方のページには誰が初演したのかが必ず書かれています。いつかそこに自分の名前が書かれていることが私の夢なのです。
［後略］

## 準1級模擬試験問題 (2)

**1** 次の(1)〜(5)の a と B の文はそれぞれほぼ同じ意味になります。空欄の中に入れるのに最も適切なものを，下の1〜4のうちから一つ選び，その番号を解答欄に記入しなさい。

(1) a  Er verfügt über ein unglaublich großes Gedächtnis.
　　 b  Ihm (　　) ein unglaublich großes Gedächtnis zur Verfügung.
　　 1  steht　　　2  stellt　　　3  liegt　　　4  legt

(2) a  Er wurde gestern im Krankenhaus operiert.
　　 b  Er hat sich gestern im Krankenhaus einer Operation (　　).
　　 1  erzogen　　2  verzogen　　3  entzogen　　4  unterzogen

(3) a  Der Rezensent hat das Buch und den Autor scharf kritisiert.
　　 b  Der Rezensent hat eine scharfe Kritik am Buch und dem Autor (　　).
　　 1  erstattet　　2  geübt　　3  durchgeführt　　4  gewirkt

(4) a  Seien Sie bitte vorsichtig, sonst gibt es eine große Gefahr.
　　 b  Seien Sie bitte auf der (　　), sonst besteht eine große Gefahr.
　　 1  Ahnung　　2  Hut　　3  Schutze　　4  Sicht

(5) a  Er hat mir immer Informationen über das Ereignis gegeben.
　　 b  Er hat mich über das Ereignis immer auf dem (　　) gehalten.
　　 1  Informierenden　　2  Referat　　3  Laufenden　　4  Gang

**2** 次の(1)〜(5)の a と b の文がほぼ同じ意味になるように，下線部の名詞と関係のある動詞を適切な形で(　　)内に入れて，b の文を完成させなさい。解答は解答欄に記入しなさい。

(1) a  Der Designer hat einen sehr überzeugenden <u>Entwurf</u> für den geplanten Park verfertigt.
　　 b  Der Designer hat den geplanten Park sehr überzeugend (　　).

(2) a Trotz mehrmaliger Anrufe konnten wir ihn nicht erreichen.
    b Wir haben ihn mehrmals (     ), konnten ihn aber nicht erreichen.

(3) a Durch den Vergleich der jetzigen Situation mit der damaligen hat man ein neues Modell entwickelt.
    b Man hat die jetzige Situation mit der damaligen (     ) und ein neues Modell entwickelt.

(4) a Die Studenten haben fast die ganze Nacht eine Diskussion über das Thema geführt.
    b Die Studenten haben fast die ganze Nacht über das Thema (     ).

(5) a Nach ihrem Aufenthalt in München ist sie nach Berlin geflogen.
    b Nachdem sie sich in München (     ) hatte, ist sie nach Berlin geflogen.

**3** (     )内に a から c の語を入れて，次の(1)〜(4)の文を完成させなさい。最も適切なものを下に示した 1 〜 6 のうちから一つずつ選び，その番号を解答欄に記入しなさい。同じ番号を複数回使用してもかまいません。

(1) (     ) er (     ) immer traf, (     ) schimpfte er heftig.
    a den          b wen          c auch

(2) Gekommen sind nicht seine Eltern, (     ) (     ) (     ) erschienen.
    a er           b ist           c sondern

(3) Ich weiß nicht, ob er die Nachricht (     ) (     ) (     ).
    a hat          b können        c sehen

(4) Hast du deiner Freundin das Buch geschenkt? — Nein, ich habe (     ) (     ) (     ) geschenkt.
    a nicht        b ihr           c es

    1  a - b - c      2  a - c - b
    3  b - a - c      4  b - c - a
    5  c - a - b      6  c - b - a

4 次の文章を読み，下の問い(1)～(4)に対する答えを，解答欄に記入しなさい

CD2-7

　　Die Frage nach der Bedeutung der Worte „gut" und „böse", „gut" und „schlecht" gehört zu den ältesten Fragen der Philosophie. Aber gehört die Frage nicht auch in andere Fächer? Geht man nicht zum Arzt, um zu fragen, ob man rauchen darf? Gibt es nicht Psychologen, die einen bei der Berufswahl beraten? Und sagt einem nicht der Finanzfachmann: „Es ist gut, wenn Sie jetzt noch einen Bausparvertrag abschließen; nächstes Jahr wird es mit der Prämie schlechter, und die Wartezeit wird länger."　　　　( 1 )　　　　

　　Achten wir einmal darauf, wie in den genannten Zusammenhängen das Wort „gut" verwendet wird. Der Arzt sagt: „Es ist gut, wenn Sie noch einen Tag im Bett bleiben." Genau genommen müsste er bei der Verwendung des Wortes „gut" zwei Zusätze machen. Er müsste sagen: „Es ist gut für Sie", und er müsste dazu noch sagen: „Es ist gut für Sie, falls Sie in erster Linie gesund werden wollen." Diese Zusätze sind wichtig, denn falls jemand z. B. für einen bestimmten Tag einen Raubmord plant, dann wäre es aufs Ganze gesehen „besser", wenn er sich eine schwere Krankheit holt, die ihn an seinem Unternehmen hindert.

　　　　( 2 )　　　　 bedeutet also das Wort „gut" so viel wie: „gut für irgend jemanden in einer bestimmten Hinsicht". Da kann es durchaus sein, dass dasselbe für denselben Menschen in verschiedenen Hinsichten gut und schlecht ist. Zum Beispiel sind viele Überstunden für den Lebensstandard gut, aber für die Gesundheit schlecht. Oder es passiert oft in unserem Leben, dass dasselbe für den einen gut, für den anderen schlecht ist — der Ausbau der Autostraße ist für den Autofahrer gut, für die Bewohner in der Umgebung schlecht.

　　Wir verwenden aber das Wort „gut" noch in einem anderen Sinn, sozusagen in einem „absoluten" Sinn, das heißt 　　　　( 3 )　　　　 von „für" und „in einer bestimmten Hinsicht". Hier tauchen dann die beiden Fragen auf: Was ist denn eigentlich und wirklich gut für mich? Und die andere Frage: Um wessen Interesse, um wessen Gutes soll es denn im Konfliktfall vorrangig gehen? Das Nachdenken über diese Fragen nennen wir philosophisch.

(1) 下線部(1)を埋めるのに最も適当な文を，下の1～4のうちから選び，その記号を解答欄に記入しなさい。

　　1　Wo taucht da eigentlich das Ökonomische auf?

2　Hier spielt nur das Ökonomische eine große Rolle.
3　Wo taucht da eigentlich das Philosophische auf?
4　Das Philosophische wird hier überhaupt außer Acht gelassen.

( 2 )　下線部(2)を埋めるのに最も適当な語句を，下の 1 〜 4 のうちから選び，その記号を解答欄に記入しなさい。

1　Im alltäglichen Sprachgebrauch
2　In der philosophischen Schreibweise
3　In unserer ökonomischen Lebenswelt
4　Im ökologischen Umweltdenken

( 3 )　下線部(3)を埋めるのに最も適当な語句を，下の 1 〜 4 のうちから選び，その記号を解答欄に記入しなさい。

1　ohne Zusatz
2　unter Berücksichtigung
3　ausgehend
4　in Bezug

( 4 )　下の 1 〜 9 のドイツ語の文で本文とほぼ同じ内容を持つものを三つ選び，その記号を解答欄に記入しなさい。ただし，記号の順序は問いません。

1　Philosophie beschäftigt sich ausschließlich mit der Frage, was für einen Menschen gut sein kann.
2　Die Psychologen und die Ärzte haben mit der Philosophie gar nichts zu tun.
3　In der modernen Zeit spielt Philosophie gar keine große Rolle mehr.
4　„Philosophisch" nennt man solche Fragen, die in einer bestimmten Hinsicht gestellt wird.
5　Philosophie interessiert sich besonders für solche Fragen, was überhaupt gut ist.
6　Philosophie soll kleine Geschehnisse im alltäglichen Leben ignorieren.
7　Es kommt sehr oft im Leben vor, das eine Sache schlecht für den einen, für den anderen jedoch gut ist.
8　Die Frage nach „gut" und „böse" ist weder alt noch von Bedeutung.
9　Eine Krankheit kann in einer bestimmten Hinsicht gut sein.

**5** 次の文章を読み，表を参照して，( 1 )〜( 3 )の問いに答えなさい。　CD2-8

　Im Schuljahr 2010/2011 waren von den 673 000 vollzeit- und teilzeitbeschäftigten Lehrkräften in Deutschland fast die Hälfte 50 Jahre und älter. Dabei waren 54 % der Lehrer und 45 % der Lehrerinnen 50 Jahre und älter.

　Insgesamt waren 12 % der Lehrkräfte an allgemeinbildenden Schulen im Schuljahr 2010/2011 60 Jahre und älter. Die größte Altersgruppe der Lehrkräfte bildeten die 50- bis unter 60-Jährigen mit 36 %, gefolgt von den 40- bis unter 50-Jährigen mit 25 %. Der ( A ) Anteil älterer Lehrkräfte ist auf die Einstellungswelle in den 70er Jahren zurückzuführen. Die 30- bis unter 40-Jährigen machten 21 % aus. Unter 30 Jahre waren lediglich 6 % der Lehrkräfte. Der geringe Anteil jüngerer Lehrkräfte ist zum einen auf die Länge der Hochschulausbildung zurückzuführen. Zum anderen werden aufgrund der demografischen Entwicklung, d.h. der geringeren Zahl an Schülerinnen und Schülern, weniger Lehrkräfte eingestellt.

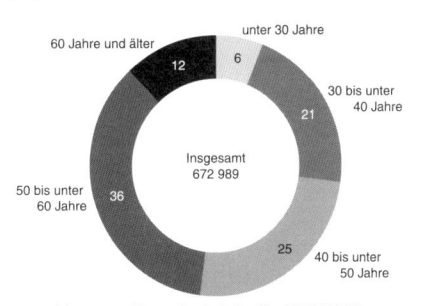

Altersverteilung der Lehrkräfte 2010/2011.
Allgemeinbildende Schulen, in %

　Die Altersverteilung der Lehrkräfte unterschied sich zwischen den verschiedenen Schularten. Der Anteil der unter 30-jährigen Lehrkräfte war im Schuljahr 2010/2011 an den Realschulen mit 9 % und den Grundschulen mit 8 % am höchsten. Eine Rolle für den höheren Anteil an sehr jungen Grundschullehrkräften spielt unter anderem die kürzere Studienzeit für das Primarschullehramt. Auch an Förderschulen war der Anteil der jungen Lehrkräfte von 6 % im Schulartenvergleich recht hoch. An Integrierten Gesamtschulen und an Gymnasien waren 6 % der Lehrkräfte unter 30 Jahre alt, ( a ) von Hauptschulen mit 5 %. An Schulen mit mehreren Bildungsgängen und an Freien Waldorfschulen waren jeweils rund 3 % der Lehrkräfte unter 30 Jahre alt. Mit weniger als 2 % waren an schulartunabhängigen Orientierungsstufen kaum Lehrkräfte dieser Altersstufe zu finden.

　Die ältesten Lehrerkollegien waren im Schuljahr 2010/2011 in Berlin mit 56 %, Thüringen mit 55 %, Bremen und in Sachsen-Anhalt mit 53 % Lehrkräften, die 50 Jahre und älter waren, zu finden. Im Bundesländervergleich waren die Altersgruppen der 50-jährigen und älteren Lehrkräfte in Bayern mit einem Anteil von 43 % und in

Rheinland-Pfalz mit 42 % deutlich ( B ). Für Hamburg, das mit 38 % den geringsten Anteil an 50-jährigen und älteren Lehrkräften verzeichnete, liegen ( b ) für etwa 10 % der Lehrkräfte keine Altersangaben vor.

( 1 )　空欄( a )と( b )に入る最も適切な語をそれぞれ1 ～ 4のうちから一つ選び，その番号を解答欄に記入しなさい。

( a ) 1　übertroffen　　2　überholt　　　　3　gefasst　　　　4　gefolgt
( b ) 1　allerdings　　　2　im Wesentlichen　3　ziemlich　　　4　neulich

( 2 )　空欄( A )，( B )に入るものとして適切なものを1 ～ 4のうちから一つ選び，その番号を解答欄に記入しなさい。

( A ) 1　hohe　　　　2　niedrige　　　3　einfache　　4　komplizierte
( B ) 1　kleiner　　　2　größer　　　　3　niedriger　　4　höher

( 3 )　本文および表の内容に関して正しく説明しているものを次の1 ～ 5のうちから二つ選び，その番号を解答欄に記入しなさい。ただし，番号の順序は問いません。

 1　Im Schuljahr 2010/2011 waren mehr als die Hälfte der Lehrkräfte älter als 50 Jahre.
 2　Es gibt nicht so viele junge Lehrerinnen und Lehrer, weil man ziemlich lange studieren muss, um diesen Beruf zu ergreifen.
 3　Es gibt einige Länder, in denen mehr als 10% der Lehrkräfte unter 30 Jahre sind.
 4　Die Altersverteilung der Lehrkräfte unterscheidet sich je nach Schularten und Ländern.
 5　Hamburg ist sicherlich das Bundesland, in dem die Lehrkräfte am jüngsten sind.

**6**　次の文章は，Ahnen 文部大臣会議議長との初等教育に関するインタビュー記事からの抜粋です。文中の( 1 )～( 9 )に入れるのに最も適当な答えを下の1 ～ 9から選び，その記号を解答欄に記入しなさい。ただし同じものは 2 度使いません。

CD2-9

Interviewer:　Deutschland schneidet bei Schultests international miserabel ab. Wie wollen Sie als Vorsitzende der Kultusministerkonferenz die Bildungs-

| | katastrophe überwinden? |
|---|---|
| Ahnen: | _____( 1 )_____ |
| Interviewer: | Wo setzen Sie als Präsidentin Akzente? |
| Ahnen: | _____( 2 )_____ |
| Interviewer: | Beginnt die Misere nicht schon viel früher? |
| Ahnen: | _____( 3 )_____ |
| Interviewer: | Woran hapert es bei den Kleinen? |
| Ahnen: | _____( 4 )_____ |
| Interviewer: | Dürfen auch naturwissenschaftliche Experimente auf dem Lehrplan stehen? |
| Ahnen: | _____( 5 )_____ |
| Interviewer: | Wann sollen Kinder zur Grundschule wechseln? |
| Ahnen: | _____( 6 )_____ |
| Interviewer: | Mit seinem Ganztagsschulprogramm hat sich der Bund massiv eingemischt. Soll das Schule machen? |
| Ahnen: | _____( 7 )_____ |
| Interviewer: | Bei der Einrichtung von Ganztagsschulen ist Rheinland-Pfalz Vorreiter. Doch pädagogisch bringt die Ganztagsschule eher wenig ... |
| Ahnen: | _____( 8 )_____ |
| Interviewer: | Aber mehr Unterricht bekommen die Schüler dadurch nicht? |
| Ahnen: | _____( 9 )_____ |

1  In unserem Schulsystem mangelt es an den Schnittstellen zwischen schulischer und beruflicher wie akademischer Ausbildung. Ich möchte fließendere Übergänge. Ein Beispiel: In meinem Bundesland richten wir vier Gymnasien für Hochbegabte ein, an denen man nach elfeinhalb Schuljahren das Abitur absolvieren kann. Diese Schüler können dann bereits vor dem Abitur Scheine an der Universität machen.

2  Wir müssen bei den Kindertagesstätten ansetzen. Sie brauchen einen präzisen Bildungsauftrag. Hier setzt die Kultusministerkonferenz mit der Jugendministerkonferenz 2004 einen Schwerpunkt. Wir streben dabei eine engere Verzahnung zwischen Kitas [= Kindertagesstätten] und Grundschulen an.

3  Der Übergang muss individuell flexibel sein. Es gibt Kinder, die man deutlich früher als mit sechs einschulen kann.

4  Doch. Man darf nicht nur auf die Stundentafel starren. Neben den Schulstunden gibt es Projekte, Hausaufgabenbetreuung und Förderangebote von Fremdsprachen bis zum Förderprogramm für mathematische Tüftler. Mehr

Zeit ermöglicht neue Lernformen. Lehrer haben so die Chance, gezielt individuell zu fördern, die Starken wie die Schwachen.

5 An der Sprache. Generell hat die Ausdrucksfähigkeit der Kinder abgenommen. Sprachförderung ist daher ein zentraler Punkt für uns. Kinder sollen in der Kita lernen, Texte zu verstehen und zuzuhören, aber auch eigene Positionen zu vertreten.

6 Wie kommen Sie darauf? Mit der Ganztagsschule lassen sich gewiss Familie und Beruf leichter miteinander vereinbaren. Vor allem aber kann sie das Leistungsniveau der Schüler verbessern. Das steht für mich vorn an.

7 Natürlich. Es darf nur nicht schrecklich kompliziert sein. Alles knüpft an Alltagserfahrungen an. Fragen etwa, wie ein Regentropfen entsteht, können in der Kita beantwortet werden. Auch ein Gefühl für Mengen und Größenverhältnisse sollte sich bei den Kindern einstellen. Daneben trainieren sie ihre Feinmotorik, indem sie Schere und Stift gebrauchen.

8 Wir reden viel über Katastrophen und zu wenig über Handlungsmöglichkeiten. Deutschland fehlt Kreativität im Bildungswesen. Gute Unterrichtsergebnisse sind keineswegs allein eine Frage des Geldes. Dennoch sollten wir den Schulsektor von Einsparungen ausnehmen.

9 Diese finanzielle Unterstützung des Bundes ist sehr hilfreich. Ich empfinde das nicht als Einmischung. Die Länder entscheiden über die pädagogischen Konzepte.

## 7 次の文章を読んで内容に合うものを下の 1 ～ 8 のうちから三つ選び，その番号を解答欄に記入しなさい。ただし，番号の順序は問いません。

Amerikanische Soldaten durchstreifen eines Tages den Hof der Mannheimer Uhland-Hauptschule. Ihr „Feind" bei diesem militärischen Einsatz im Wohngebiet ist der Asphalt.

Nach den Streitkräften hatten Schüler, Eltern und Lehrer gerufen. Ihr Hof sei bisher eine „Wüste" gewesen, so Schulleiter Manfred Hillenbrand, versiegelt mit Asphalt. Sie wünschten sich stattdessen „ein reines, schönes Stück ökologisch ausgewogener Natur" - und das mitten in der Großstadt.

Vorher aber mussten 1.500 Quadratmeter schwarzer Belag weg, und dazu mobilisierte die Schule die Army. Pioniere des amerikanischen 94th Combat Battalion griffen mit Presslufthammer, Radlader und Raupe den Boden an, Kameraden des Schwimmbrückenbataillons 850 der Bundeswehr karrten mit schweren Lastwagen den Schutt zu einem Spezialbetrieb, wo er zu Grundstoff für neues Straßenpflaster aufgearbeitet wird.

Dann legen die Schüler auf ihrem Hof ein „Fleckchen Landschaft mit hohem Freizeitwert" an, wie es in dem selbst gemalten Plan heißt: Mit Rindenmulch belegte Wege,

Versuchsbeete, ein kleiner Brunnen, Sitzgruppen, Balancierstangen, eine amphitheaterähnliche Aufschüttung sowie „ein Klassenzimmer im Grünen" sind vorgesehen. Da soll dann in den Sommermonaten der Unterricht abgehalten werden, durch den sich an der Uhland-Schule wie ein roter Faden schon lange das Thema Umwelt zieht.

Seit 1988 ist die Hauptschule in Mannheims Arbeiterwohnviertel Neckerstadt „Projektschule für integrative Umwelterziehung", ein Modellversuch, der — so das Berliner Umweltbundesamt — zu den wichtigsten Projekten für Umwelterziehung in der Bundesrepublik Deutschland zählt.

Das Besondere an der Uhland-Schule: „Es wurschtelt nicht jeder nur so vor sich hin", sagt Schulleiter Manfred Hillenbrand. Die Lehrpläne werden wegen der Umwelt zwar nicht außer Kraft gesetzt, aber anders interpretiert. Steht zum Beispiel das Thema „Boden — Nutzen und Raubbau" an, so ist klar, dass die Mädchen und Jungen im Biologieunterricht Kleintiere, die im Boden leben, unters Mikroskop legen oder im Blumentopf die Wirkung von Dünger untersuchen. Dass zugleich in Chemie die Untersuchung von Bodenproben ansteht, ist auch noch nicht außergewöhnlich. Doch auch das bäuerliche Leben im Mittelalter (Geschichte), Prozentrechnen in Mathematik, die Zerstörung der Landschaft durch Raubbau am Wald (Erdkunde) und — laut Lehrplan — „Dokumentation einer Bildfolge mit fotografischen Mitteln" (Kunst) lassen sich mit dem Thema Boden in Verbindung bringen. In Deutsch wird anschließend geübt, wie sich die Ergebnisse aus den anderen Fächern in einem Aufsatz oder als Kurzvortrag zusammenfassen lassen.

Die Lehrer können gewiss sein, dass ihre Aktivitäten vom Bundesland und von der Stadt Mannheim unterstützt werden. Wenn es sich finanziell machen lässt, soll auch die fällige Sanierung des Schulgebäudes, das aus der Zeit um 1900 stammt, ganz nach ökologischen Kriterien erfolgen.

1 Die amerikanischen Soldaten wurden eingesetzt, um das altgewordene Schulgebäude zu beseitigen.

2 Die Soldaten sind freiwillig zur Arbeit gekommen, um den Schulhof schön zu machen.

3 850 Soldaten der Bundeswehr arbeiteten zusammen, um den Schutt wegzukarren.

4 In der neu gestalteten Schule soll künftig auch im Grünen unterrichtet werden.

5 Das Projekt der Uhland-Hauptschule wurde als der wichtigste Modellversuch für die Umwelterziehung in Deutschland ausgezeichnet.

6  Das Thema Umwelt integriert alle Fächer zu einer Einheit zusammen, indem es sie neu interpretiert.
7  Das Projekt wird finanziell sowohl von der Bundesregierung, als auch von der Stadt unterstützt.
8  Die Renovierung des alten Schulgebäudes nach ökologischen Kriterien ist, wenn die Finanzierung möglich wird, in Planung.

### 聞き取り 第1部　Erster Teil

1  第1部の問題は(A)～(D)まであります。解答は選択肢 1 ～ 4 の中から一つ選び，その番号を解答用紙の所定の欄に記入してください（解答用紙は省略します）。
2  最初にオーストリアの作曲家フランツ・シューベルトについてのテクストを1回聞いてください。
3  次にテクストの内容に関する質問を1回，それに対する解答の選択肢四つを2回読み上げます。
4  30秒後にテクストとそれに関する質問および解答の選択肢をもう1回読み上げます。
5  メモは自由にとってかまいません。
6  第2部が始まるまで30秒の空き時間があります。

(A)　Wie schätzte Beethoven Franz Schubert, der 1797 geboren wurde?
　　1
　　2
　　3
　　4

(B)　Welche Kompositionen von Schubert sind uns am bekanntesten?
　　1
　　2
　　3
　　4

(C)　Worum bemühte sich der junge Schubert?
　　1
　　2

3
4

(D) Was wollte die Stadt Wien zum 200. Geburtstag von Schubert machen?
1
2
3
4

**CD2-12**

**聞き取り 第2部 Zweiter Teil**

1 第2部の問題は選択肢が**1**から**9**まであります。選択肢に目を通してください。そのための時間は3分間です。
2 次にチェリストのヨーヨーマとのインタビューを聞いてください。
3 1分後に同じものをもう1回聞いてください。
4 読み上げられた内容に合うものを，選択肢**1**〜**9**のうちから四つ選び，その番号を解答用紙の所定の欄に記入してください。ただし，番号の順序は問いません。
5 メモは自由にとってかまいません。
6 2回目の放送のあと，およそ1分後に試験終了のアナウンスがあります（省略）。試験監督者が解答用紙を集め終わるまで席を離れないでください。

**1** Yo-Yo Ma möchte nicht dem Instrument untergeordnet sein, weil das nach seiner Ansicht der Gesundheit schaden würde.
**2** Wenn er das Instrument in die Hände nimmt, fühlt er, als ob seine Stimmbänder von sich aus singen würden.
**3** Er hat kein Hassgefühl gegenüber dem Cello, weil es für ihn sehr wichtig ist.
**4** Das Stradivarius zeichnet sich durch den feinen Klang aus und passt besser zur klassischen Musik.
**5** Das Montagnana klingt erdiger, so dass es geeigneter dafür ist, gegenwärtige Musik zu spielen.
**6** Das Stradivarius unterscheidet sich wenig vom Montagnana, aber das Montagnana klingt leichter.
**7** Für Yo-Yo Ma spielen die Kategorien „klassisch" und „leicht" eine wesentliche Rolle, um eine gewisse Ordnung zu vermitteln.
**8** Yo-Yo Ma findet die Musik der Buschmänner in für Kalahari-Wüste nicht nur ernsthaft, sondern auch leicht.

**9** Für Yo-Yo Ma gilt als die beste Definition für Kultur, dass Musik den Menschen eine Bedeutung gibt.

> 解答

**1**
- ●解答　（1）1　（2）4　（3）2　（4）2　（5）3
- ●解説（大意）
- （1）　彼は信じられないほど大きな記憶力を持っている。
  - über et$^4$ verfügen:　〜を自由に使える
  - et$^1$ steht zur Verfügung:　〜が自由に使える
  - Vgl.: et$^4$ zur Verfügung stellen:　〜を自由に使えるようにする
- （2）　彼はきのう病院で手術を受けた。
  - sich$^4$ einer Operation unterziehen:　手術を受ける
- （3）　批評家はその本と作家を激しく批判した。
  - et$^4$ kritisieren = eine Kritik an et$^3$ üben:　〜を批判する
- （4）　気をつけてください，そうしないと大きな危険があります。
  - vorsichtig sein = auf der Hut sein:　気をつける
  - この場合の **die** Hut は「保護，用心」の意味です。
- （5）　j$^4$ auf dem Laufenden halten:　人に常に情報を与える
  - Vgl.: auf dem Laufenden sein:　（仕事などが）済んでいる

**2**
- ●解答　（1）entworfen　（2）angerufen　（3）verglichen　（4）diskutiert　（5）aufgehalten
- ●解説（大意）
- （1）　デザイナーは計画中の公園を納得できるかたちに設計した。
  - der Entwurf:　デザイン　　　　entwerfen:　デザインする
- （2）　何度も彼に電話したが，話せなかった。
  - der Anruf:　電話　　　　anrufen:　電話する
- （3）　現在と当時の状況を比較して新しいモデルを打ち出した。
  - der Vergleich:　比較　　　　vergleichen:　比較する
- （4）　学生たちはほぼ一晩中そのテーマについて討議した。
  - die Diskussion:　討論　　　　diskutieren:　討論する
- （5）　ミュンヘン滞在ついでに彼女はベルリンに行った。
  - der Aufenthalt:　滞在　　　　sich aufhalten:　滞在する

3
- ●解答 (1) 4   (2) 5   (3) 2   (4) 6
- ●解説
  語順については，模擬試験（1）の113〜114ページの解説を参照してください。
- (1) 誰に会っても彼はひどく文句を言うのだった。
- (2) 来たのは彼の両親ではなく，彼が現れた。
  sondern は und, aber, doch などのように語順に影響を与えない接続詞です。
- (3) 彼がそのニュースを見ることができたかは知らない。
- (4) 君は恋人にその本を贈ったのかい？　　いや，贈っていないよ。

4
- ●正解 (1) 3   (2) 1   (3) 1   (4) 5 / 7 / 9（順不同）
- ●大意　「善悪」に関する問いは哲学における最も古くからある問いの一つである。とはいえこれは他の分野の問題でもある。医者に行って喫煙してよいか尋ねたり，心理学者のところで職業選択のことで助言を求めたり，経済の専門家に住宅金融の契約のことを尋ねたりする。善悪が哲学的な問題だといえるのだろうか。

  こうした場合に「よい」という言葉がどう使われているのか注意したい。医者が，もう1日寝ていればいいでしょう，と言う場合，「よい」という言葉には2つの意味がさらに隠されている。「あなたにとってよい」であり，「健康になりたいのなら，それはあなたにとってよい」という追加がある。強盗殺人を計画する人間がいたとして，彼が病気にかかって強盗殺人を実行できなくなることは全体として見れば「よりよい」ことなのだ。

  日常の言語使用においては，「よい」「悪い」という表現は「誰かにとって一定の視点から見た場合に」という限定がある。同じ事態が同じ人にとって視点を変えれば違って見えることもある。時間外労働は生活水準を上げるためにはよいだろうが，健康という視点から見れば悪い。同様に同じ事態が人によって違う意味を持つこともある。道路建設が自動車を運転する人にとってはよくても，近隣の住人にとっては悪いことがある。

  だが哲学では「よい」という言葉を「何かのために」とか「特定の観点から」といった限定なしに，「絶対的な」意味において用いる。ここで問題となる2つの問いがある。それは，何が私にとって本当によいことなのか，誰の関心や誰の善が対立がある場合に大切となるのか，という問いである。こうした問いについて思いをめぐらすことが哲学的なのである。
- ●解説　哲学者(R. Spaemann)が，善と悪とは，という問題について語った文章の一部です。

●語彙

der Vertrag: 契約　(den Vertrag abschließen: 契約を結ぶ)
auftauchen: 浮かび上がる
genau genommen: 厳密に考えると
in erster Linie: まず第一に
aufs Ganze gesehen: 全体として見れば
in einer Hinsicht: ある観点からすれば
der Konflikt: 葛藤
das Nachdenken über et⁴: 〜についての考察
mit et³ zu tun haben: 〜と関係・かかわりがある
(「関係がない」は，mit et³ nichts zu tun haben です)
eine Rolle spielen: 役割を果たす
(keine Rolle spielen: どうでもよい (Das spielt keine Rolle!: そんなのどうでもいい！)
ignorieren: 〜を無視する (= et⁴ außer Acht lassen)
von Bedeutung sein: 重要である

auf et⁴ achten: 〜に注意する
der Zusatz: 添加，追加

an et³ hindern: 〜の障害となる
die Überstunde: 超過（勤務）時間
vorrangig: 優先される

5
●解答　(1)(a)4　(b)1　(2)(A)1　(B)1　(3)2, 4
●解説　「連邦統計局（Statistisches Bundesamt）」による学校や教育に関する統計資料からの記述です。全体として，教員の年齢が高く，地域によって若干の差があることが述べられています。データは複雑ではないので，ドイツ語をていねいに読むことで解けると思います。

●大意
　2010/2011年度，ドイツの専任および非常勤（パートタイムの）教員673,000人のうち，約半分が50歳以上であった。そのうち，男性教員では54％，女性教員では45歳が50歳以上であった。

　2010/2011年度，一般教育学校の12％は60歳以上だった。教員中でもっとも人数が多いのは50歳から60歳未満の36％，続いて40歳から50歳未満の25％。年齢層が高くなっている要因としては70年代の大量雇用が挙げられる。30歳から40歳未満は，21％だった。30歳未満は教員の6％にすぎない。若年層が少ない原因としては，第一に大学での教育期間が長いことが挙げられる。第二には，人口の動向，すなわち生徒数の減少により，教員の採用が減っているからである。

　教員の年齢分布は，学校の種類によって異なっていた。30歳未満は，実科学校では9％，小学校では8％でもっとも高い。非常に若い年代が比較的多いのは，例えば基礎学校レベルの教職課程の大学在学期間が短いことによる。特別支援学校でも若い教員は6％を占め，学校間の比較では高い数値である。統合総合学校やギムナ

ジウムでは教員の6％が30歳未満であり，続いて基幹学校が5％である。複数の課程を統合した学校や自由ヴァルドルフ学校では，それぞれ約3％の教員が30歳未満である。学校から独立したオリエンテーション段階では，この年代の教員は2％に満たない。

2010/2011年度で最も年齢の高い50歳以上の教員はベルリンで56％，テューリンゲンで55％，ブレーメンとザクセン・アンハルトでは53％だった。連邦各州を比較すると，50歳以上の教員グループは，バイエルンでは43％，ラインラント・プファルツでは42％で，はっきりと少数である。ハンブルクでは50歳以上が38％でもっとも低い数値だが，とはいえ教員の10％の年齢層が不明である。

6
●正解　（1）8　（2）1　（3）2　（4）5　（5）7　（6）3　（7）9
　　　　（8）6　（9）4
●大意
　インタビュアー(I)：　ドイツは生徒のテスト結果を見ると，国際的にはひどいことになっています。文部大臣会議議長として，この教育の破局をどう乗り越えようとお考えですか？
　アーネン(A)：　破局だとはどこでも誰でも口にしていますが，何ができるのかはあまりにも話題になっていません。ドイツに欠けているのは，教育に関する創造性なのです。授業がよい成果をもたらすかは，お金だけの問題では決してないのです。とはいえ，支出削減の対象から学校部門ははずしていくべきなのです。(8)
　I：　議長としてどこに重点を置かれるのですか？
　A：　私たちの学校制度では，学校と職業，そして大学教育の結節点に欠けています。私としてはよりスムースな移行ができるようにしたいのです。一つ例を挙げるとすれば，私の州では能力のある生徒を対象とした4つのギムナジウムを設置し，11年半でアビトゥーアが取れるようになっています。こうした生徒たちはアビトゥーアの前でも大学で単位を取ることができるのです。(1)
　I：　問題はもっと早くから始まっているのでは？
　A：　私たちは全日制保育園から始めなければなりません。そして保育園にきちんとした教育目標を設定するのです。この点を文部大臣会議は青少年担当大臣会議とともに2004年の重点項目としています。全日制保育園と小学校とのより密接な連携を目指しています。(2)
　I：　小さい子の場合，何が欠けているのでしょう？
　A：　言葉です。一般的に見て，子どもたちの表現能力が衰えています。言葉の力を育てることは私たちにとって最重要の問題の一つです。子どもたちは全日制保

育園で文章を理解し，注意深く聞き，そして自分の立場を言い表すことを学ぶべきなのです。**(5)**
I: 自然科学分野の実験もカリキュラムにあっていいのですか？
A: もちろんです。でもあまり複雑であってはなりません。何でも日常経験することと結び付くようにするのです。どのように雨の滴ができるのかといった問題は，保育施設でも教えていいでしょう。多いか少ないか，大きい小さいといった感覚も子どもたちに与えるべきでしょう。同時にはさみやペンを使って，細かな感覚も養うのです。**(7)**
I: いつ子どもたちは小学校に進むといいのでしょう？
A: いつ進むかは，個々の場合によって柔軟なのがいいのです。明らかに6歳よりもずっと早く学校に進んでもいい子どもたちもいますし。**(3)**
I: 全日制学校のプログラムで，連邦は強力に（州単位の教育行政に）干渉してきています。学校はそれを許していいのですか？
A: こうした連邦による経済的な援助は，非常に大きな力になっています。干渉だとは思いません。州がそれぞれ教育方針を決定するのです。**(9)**
I: 全日制学校の整備においては，ラインラント＝プファルツは先駆者ですね。しかし教育的には全日制学校の効果はむしろほとんどないのでは…。
A: どうしてそんなことをおっしゃるのですか？　全日制学校によって，家庭生活と職業をより簡単に調和させることができるのは確実です。とりわけ生徒たちの成績が上がります。このことは私にとってとても重要なことです。**(6)**
I: しかし，それで生徒が授業をもっと受けられないのでは？
A: そんなことはありません。時間表だけを見ていてはいけないのです。正規の授業時間の他に，宿題の面倒を見たり，外国語能力を高めるための取り組みがあったり，数学好きをさらに育てるプログラムといったさまざまなプロジェクトがあるのです。時間が増えたことで，新しい教え方も可能になります。教師たちも，できる子，あまりできない子の双方をその子に合わせて育てられる機会が増えるのです。**(4)**

●解説
　この文章を理解するための前提となる点が二つあります。
　一つは，2001年に行われた国際学力比較テストで，ドイツがすべての分野で成績が悪かったこと，そのことで盛んな議論が巻き起こったことがあります。これが前半の対話のテーマになっています。これまでのドイツの学校は，昼食までで終わっていました。それを日本のような全日制にすればいい，という議論もあるのです。
　もう一つは，教育に関しては州がそれぞれ主権をもっていて，全体の調整のために各州の文部大臣で構成する会議があることです。このことが対話の後半部にから

んできており,「連邦(国)の干渉」が話題になっているのです。
　こうした背景知識があると,問題は解きやすくなります。
　問題を解くためのコツを三つ。
1) 直接疑問文があれば,それに答える„Ja", „Nein", „Doch", „Stimmt", „Allerdings"などがないかチェック。例えばこれで, „Doch"で始まっている選択肢4が否定疑問となっている最後の質問(9)に入ることが予想できます。最終的にそれでいいかは,必ず内容を確認してからにしましょう。
2) 語彙が重なっているものをチェック。例えば(7)と(8)には,全日制学校(Ganztagsschule)という単語が出てきています。この単語は選択肢の6に出ていますので,これがどちらかに入りそうです。さらに(5)の対話では,「自然科学の実験」が話題になっています。答えの選択肢を見ると7では,「雨の滴がどうやってできるか」について触れています。これが正解である可能性が高いですね。
3) 最後に内容面からのチェック。予想したものも含めて全体の流れを考えてみましょう。この文章では,最初に教育政策といった大きな視点が語られ,次に低年齢段階での教育,最後に全日制学校,という流れになっています。こうした大きな流れをおさえて,個々の部分を読んでみてください。

●語彙

abschneiden: 結果を残す,出す
Akzente setzen: 重点を置く,強調する
die Ganztagsschule: 全日制学校
sich$^4$ einmischen: 干渉する
pädagogisch: 教育の
absolvieren: 卒業する,修了する
der Jugendminister: 青少年担当大臣
die Kindertagesstätte [Kita]: 全日制保育園
starren: じっと見る
das Angebot: 提供(されたもの)
tüfteln:(根気よく)取り組む (der Tüftler: がんばり屋)
fördern: 促進する,養成する
vereinbaren: 合わせる,協定する
einstellen: やってくる,現れる
die Einsparung: 節約,切りつめ

die Misere: 悲惨(miserabel: 悲惨な)
an et$^3$ hapern: ～$^3$に欠ける
der Bund: 連邦,(ドイツ)国
die Einrichtung: 設置すること,施設
der Übergang: 移行(übergehen: 移行する)
die Kultusministerkonferenz: 文部大臣会議
die Verzahnung: かみ合うこと
einschulen: 学校に入れる
die Betreuung: 世話を見ること

abnehmen: 減少する,減る
das Niveau: 水準
die Motorik:(体の)運動能力

7
●解答　4, 6, 8(順不同)

●**大意** アメリカ兵がある日、マンハイムのウーラント基幹学校の校庭を歩いている。この住宅地での軍事行動の「敵」はアスファルトだ。

彼らを呼んだのは生徒や先生、両親だった。校長によれば、これまでの校庭はアスファルトで覆われた「荒れ地」だった。みんなが「環境の点で調和のとれた純粋で美しい自然」を、それも大都市のど真ん中で望んでいた。

そのためにまず1500m²のアスファルトを除去する必要があり、そのために学校はアメリカ軍を動員したのだった。アメリカの兵士たちはエアハンマーなどを使って「攻撃」、ドイツの兵士たちは、瓦礫を再処理工場へとトラックで輸送した。瓦礫は工場で新たに舗装素材に加工される。

それから生徒たちは校庭に「自由時間の価値を高めるちょっとした風景」を作り、そこには計画によると樹皮片の敷かれた道、実験花壇、泉、ベンチ、バランス棒、円形劇場のような丘、さらには夏に授業のできる屋外教室が予定されている。環境というテーマが一貫してこの学校の授業を結びつけているのだ。

1988年以来、労働者が多く居住するネッカーシュタットのこの学校は、「総合環境教育プロジェクト校」であり、連邦環境局によれば、ドイツでの最も重要な環境教育プロジェクトの一つに数えられている。

この学校の特別な点は、校長が言うように「だらだらと仕事をするのは誰もいない」ことだ。従来のカリキュラムは「環境」によって無効になったわけではなく、新たに解釈しなおされたのである。例えば「土壌　その利用と収奪」というテーマが出されるとすれば、生徒たちにとって生物の授業で土壌中の微小生物を顕微鏡で観察したり、肥料の効き目を調べたりするのが当たり前なのである。化学で土壌分析が行われるのも不思議ではない。中世における農民の生活（歴史）、数学での百分率計算、森の乱伐による風景の破壊（地理）、そしてカリキュラムによると「写真を利用したドキュメンテーション」（美術）などが土壌というテーマと関連させられている。そして最後にドイツ語の授業では、ほかの授業の結果を作文やミニ発表としてまとめる練習がなされている。

教師たちは自分たちの活動が州からもマンハイム市からも援助されることを確信している。経済的に可能ならば、19世紀末頃に建てられた校舎の補修も環境を意識した考え方で行われる予定である。

1　アメリカの兵士たちは、古くなった学校の建物を取り除くために動員された。（校庭の瓦礫）
2　兵士たちは校庭を美しくするために自主的に仕事に来た。（任務として）
3　連邦軍の850名の兵士が、瓦礫を運び出すために協力した。（ドイツ連邦軍工兵第850部隊）
4　新しい学校では、将来、外の緑の中でも授業が行われるとのことだ。

5 ウーラント基幹学校のプロジェクトは，ドイツの環境教育に関するもっとも重要な実験モデルとして表彰された。(最も重要な実験モデルの一つではあるが，表彰はされていない)
6 環境というテーマですべての教科が新たに解釈され，すべての教科が一つにまとめられる。
7 プロジェクトは連邦政府と町によって経済的な援助を受けている。(連邦政府ではなく，州による援助)
8 経済的に可能であれば，エコロジーの基準にもとづいての古い校舎の修繕が計画されている。

●語彙

durchstreifen: 歩き回る
ökologisch: 生態(学)の，環境の
der Belag: 覆い
der Spezialbetrieb: 特殊な企業，業者
den Unterricht abhalten: 授業する
et⁴ außer Kraft setzen: 無効にする
anstehen: (日時，期限などが) 決められている
außergewöhnlich: 異常な
et⁴ in Verbindung bringen: ～⁴と関連づける
unterstützen: 支援する，支持する
die Sanierung: 改修，再開発

der Einsatz: 動員，活動 (＜einsetzen: 動員する)
ausgewogen: 調和のとれた
angreifen: 攻撃する
die Aufschüttung: 盛り土
wurschteln = wursteln: だらだら仕事する
interpretieren: 解釈する

der Raubbau: 乱伐，酷使
zusammenfassen: 要約する，まとめる
fällig: 期限の来た
das Kriterium: 判断基準

## ──聞き取り試験 トランスクリプション──

### 第1部 Erster Teil

Ludwig van Beethoven sagte über Franz Schubert: „Wahrlich, in dem Schubert wohnt ein göttlicher Funke." 1997 jährte sich Schuberts Geburtstag zum 200. Mal. Wien, Schuberts Geburtsstadt, feierte mit einer Fülle von interessanten Festen, Ausstellungen und Konzerten seinen Komponisten.

Kennen wir heute diesen Schubert eigentlich? Kennen wir seine Musik? Schuberts Kompositionsdrang war unerschöpflich. Er komponierte in seinem kurzen Leben — er wurde nur 31 Jahre alt — mehr als Wolfgang Amadeus Mozart. Über 1000 Stücke tragen seinen Namen. Doch die für uns bekanntesten Werke sind Lieder, deren Texte teilweise Johann Wolfgang von Goethe verfasste.

Reich wurde der nur 1,50 m große Mann mit seiner Musik bedauerlicherweise nicht.

Komponieren war so wichtig für den jungen Mann, dass er selbst nachts seine Nickelbrille nicht absetzte. Schubert war mit 12 Jahren Sängerknabe, wurde von Mozarts Rivalen Salieri unterrichtet und versuchte, eine Lehrstelle als Musiklehrer zu bekommen — leider ohne Erfolg. Der junge Mann ließ sich nicht unterkriegen. Franz Schubert komponierte unablässig weiter. Gerade die Zeit zwischen 1813 und 1816 war eine fruchtbare Zeit, in der er zahlreiche uns bekannte Werke komponierte, u.a. auch die bekannten Lieder „Heidenröslein" und „Erlkönig".

Wien, die Geburtsstadt Schuberts, hatte den 200. Geburtstag des Liederkomponisten zum Anlass genommen, viele interessante Veranstaltungen zu seinen Ehren stattfinden zu lassen. Da Schubert am 31. Januar geboren wurde, wurde während des ganzen Jahres 1997 gefeiert.

( A )   Wie schätzte Ludwig van Beethoven Franz Schubert, der 1797 geboren wurde?
   1 Beethoven sah in Schubert ein Genie.
   2 Für Beethoven war Schubert ein Gott.
   3 Beethoven schätzte Schubert nicht so hoch.
   4 Beethoven distanzierte sich von Schubert.

( B )   Welche Kompositionen von Schubert sind uns am bekanntesten?
   1 Schubert komponierte weniger als 1000 Stücke.
   2 Schubert komponierte nicht nur Lieder, sondern auch Symphonien.
   3 Goethe und Mozart waren für Schubert große Vorbilder.
   4 Seine Lieder sind am berühmtesten.

( C )   Worum bemühte sich der junge Schubert?
   1 Schubert bemühte sich ohne Erfolg, Wiener Sängerknabe zu werden.
   2 Schubert wollte Musiklehrer werden, leider vergeblich.
   3 Schubert unterrichtete Salieri, der ein Rivale von Mozart war.
   4 Schubert wollte Hofmusiker werden.

( D )   Was wollte die Stadt Wien zum 200. Geburtstag von Schubert machen?
   1 Wien wollte Schubert ein prächtiges Denkmal stiften.
   2 Wien wollte während des ganzen Jahres 1997 Konzerte mit Schuberts Liedern veranstalten.
   3 Wien wollte am Geburtstag Schuberts eine interessante Veranstaltung machen.

4　Wien wollte Schubert mit verschiedenen Veranstaltungen feiern.

●解答　（A）1　（B）4　（C）2　（D）4
●大意
　　ベートーヴェンはシューベルトについて，「このシューベルトには神的な火花が宿っている」と言っていた。1997年はシューベルト生誕200年にあたる。生誕の地，ウィーンはさまざまな祭典，展覧会，コンサートを催してこの作曲家を偲ぶ。
　　現在，我々は本当にシューベルトを知っているといえるのだろうか。彼の音楽についてはどうか。彼の作曲衝動は尽きることがなかった。32年の短い人生の中で，シューベルトはモーツァルト以上の曲数を作曲した。1000を越える作品が彼の名を持っている。とはいえ，私たちがよく知っているのは歌曲であり，その一部の詩はゲーテが作詩したものである。
　　身長たった150cmのシューベルトが金に困らなくなったということは残念ながらなかった。作曲は彼にとって重要であり，寝るときにも眼鏡を付けたままにしていたのだった。12歳でウィーン少年合唱団に入り，モーツァルトのライバルだったサリエリの授業を受け，音楽教師の職を得ようとしていた。これはうまくいかなかったが。だが彼は負けなかった。シューベルトは絶え間なく作曲を続けた。1813年から16年は実り豊かな時期となり，多くの有名な作品，例えば「野ばら」や「魔王」などが作られた。
　　シューベルト生誕の地，ウィーンは歌曲の作曲家として知られる彼の生誕200年を期に，彼を記念して多くの興味深い催しを計画している。シューベルトは1月31日に生まれたこともあって，1997年のほぼ通年にわたって行事が行われる。

## 第2部　Zweiter Teil

Interviewer: Herr Ma, könnten Sie ohne Cello leben?
Yo-Yo Ma: Ich denke schon. Ich möchte kein Sklave des Instruments sein. Das wäre ungesund.
Interviewer: Was fühlen Sie, wenn Sie Ihr Cello in die Hände nehmen?
Yo-Yo Ma: Das Cello ergänzt meinen Körper — als hätte ich zusätzliche Stimmbänder.
Interviewer: Hassen Sie Ihr Instrument manchmal auch?
Yo-Yo Ma: Nein, ich hasse es, das Cello zu transportieren. Vor allem im Flugzeug. Ich muss ihm immer einen eigenen Sitz kaufen.
Interviewer: Sie spielen im Moment zwei Celli, ein Montagnana von 1733 und ein Stradivarius von 1712. Was ist der Unterschied?

Yo-Yo Ma: Sie haben unterschiedliche Stimmen. Das Stradivarius klingt etwas kultivierter und ist damit eher für klassische Komponisten geeignet. Das Montagnana passt vielleicht etwas besser zu zeitgenössischer Musik, denn es klingt erdiger.

Interviewer: Denken Sie in Kategorien wie „klassisch" oder „leicht"?

Yo-Yo Ma: Nein. Sie dienen dazu, dass sie Leuten beim ersten Kennenlernen eine gewisse Ordnung vermitteln. Wer weiter lernt, muss sie durch neue ersetzen. Ich versuchte einmal, etwas von der Musik der Buschmänner in der Kalahari-Wüste zu lernen. Ist diese Musik ernsthaft oder leicht? Sie ist authentisch. Ich versuche, möglichst viel Inspiration aus authentischer Musik zu ziehen. Damals fragte ich die Buschmänner, warum sie diese Musik machten. Sie antworteten: „Weil es uns eine Bedeutung gibt." Das ist die beste Definition von Kultur, die ich je gehört habe.

●解答　1, 4, 5, 9 (順不同)
●大意

インタヴュアー(I):　チェロなしでの暮らしを想像できますか？

ヨーヨーマ(Y):　もちろん。楽器に縛られたくはありません。そうなったら不健康ですし。

I:　チェロを手にしたとき，何を感じるのですか？

Y:　チェロは私の身体を補ってくれるのです，あたかも声帯をもう一つ持ったようなものです。

I:　楽器が嫌いになることもありますか？

Y:　いえ，でもチェロをもって移動するのは嫌いです。特に飛行機で楽器のために席を用意しないといけないので。

I:　現在，1733年のモンタニャーナと1712年のストラディヴァリウスを演奏していますね。違いは？

Y:　違った響きがあります。ストラディヴァリウスはいくらか洗練された響きがしますし，古典的な作曲家に向いています。モンタニャーナは同時代の音楽向きだといえるでしょう。素朴な響きがします。

I:　「クラシック」「軽い」といったカテゴリーで考えるのですか？

Y:　いえ，こうしたカテゴリーは人々に最初の出合いの段階で，ある種の枠組みを提示します。もっと知りたい人は別の新しいカテゴリーが必要になります。かつてカラハリ砂漠のブッシュマンの音楽から学ぼうとしたことがあります。彼らの音楽は古典的とか軽いという範疇では捉えられません。彼らの音楽は何より純粋で真実のものなのです。そんな音楽から私はインスピレーションを得た

いのです。ブッシュマンに私はどうして音楽をするのか尋ねました。「自分たちに意味を与えてくれるから」という彼らの答えは，文化の最上の定義だといえます。

1 ヨーヨーマは楽器に従属したくない，もしそうなれば彼の考えでは健康を損なうからだ。
2 楽器を手にすると，彼の声帯が歌い出すような感じがする。
3 彼にとってはチェロがあまりに大事なので，チェロを憎んだりしていない。
4 ストラディヴァリウスは繊細な響きで優れており，古典的な音楽に向いている。
5 モンタニャーナは素朴な響きを持ち，現代音楽の演奏に適している。
6 ストラディヴァリウスとモンタニャーナには大きな違いはないが，モンタニャーナのほうが軽い響きを出す。
7 ヨーヨーマにとって，「クラシック」，「軽い」といったカテゴリーは，ある種の枠組みを伝えるうえで本質的な意味を持つ。
8 ヨーヨーマはカラハリ砂漠のブッシュマンの音楽を真面目ではなく，軽いと思っている。
9 ヨーヨーマにとっての最上の文化の定義とは，音楽が人間に意味をもたらすことというものだ。

いかがでしたか？　簡単ではなかったと思います。本番で多少難しいテクストが出てもめげないように，という変な親心（？）からです。ですから本番では，「何だ，こっちは簡単だ」と思えるといいですね。

## 準1級熟語集　　　機能動詞編

　このレベルになると，語彙の範囲は非常に広いので，すべてをカバーすることは不可能です。ここでは，おもに分離動詞・非分離動詞を使った機能動詞の熟語をいくつかご紹介します（基本動詞で作るおもな機能動詞は2級で紹介しています）。ただし，例えばabgebenという動詞だけでも，Empfehlungen abgeben「推薦する」，eine Erklärung abgeben「説明する」，eine Prognose abgeben「診断，予想する」など，さまざまな言葉とセットになります。あとは辞書を引いたり，読書を通して自分でバージョンアップしていってください。

**ein Urteil abgeben**　判断する [beurteilen]
　Um ein Urteil darüber abzugeben, fehlen uns die Informationen.
　それについて判断するには，情報が欠けている。

**j³ über et⁴ Rechenschaft ablegen**　人に～について釈明する
　Die Politiker sollen Rechenschaft über ihre Entscheidungen ablegen.
　政治家たちはその決定について釈明をすべきである。

**Schaden / Verwirrung anrichten**　損害・混乱を引き起こす
　Deine Arbeitsweise wird hier mehr Schaden als Nutzen anrichten.
　君の働き方は，ここでは利益以上に損害をもたらすだろうよ。

**Beobachtungen / Überlegungen anstellen**　観察・考察する
　Wir möchten zwei kurze Überlegungen anstellen.
　2つの点について短い考察をしたいと思います。

**Beziehungen / Verhandlungen aufnehmen**　関係・交渉を始める
　Japan hat endlich Verhandlungen mit China aufgenommen.
　日本はようやく中国との交渉を始めた。

**einen Befehl ausführen**　命令を実行する [befehlen]
　Bei diesem System habe ich immer wieder Schwierigkeiten Befehle auszuführen.
　このシステムでは，命令を実行するのに何度も困難に出会っている。

**ein Formular ausfüllen**　用紙に（必要事項を）記入する
　Könnten Sie bitte dieses Formular ausfüllen?

この用紙に記入していただけますか？

**Einfluss auf et⁴ ausüben**　影響を及ぼす [beeinflussen]
　Diese Ereignis hat auf die politische Lage einen sehr großen Einfluss ausgeübt.
　この出来事は政治状況に大きな影響を与えた。

**eine Dummheit begehen**　愚行をする（begehen は主に否定的なことを行う意味）
　Halte deinen Mund und begeh keine Dummheiten!
　口を閉じて，アホなことを言うな！

**Forschung betreiben**　研究をする [forschen]
　Für die künftige Wettbewerbsfähigkeit soll man gezielt und intesiv Forschung betreiben.
　将来の競争力のために，目標を見据えて集中的に研究しなければならない。

**et⁴ zur Ausführung bringen**　〜を実行する [ausführen]
　Dieser Plan soll unbedingt zur Ausführung gebracht werden.
　この計画は必ず実行されなければならない。

**ein Experiment / eine Wahl durchführen**　実験・選挙を行う
　Dieses Experiment werden wir gemeinsam durchführen.
　この実験を私たちは共同で実施したします。

**Einwand erheben**　非難の声を上げる [sich einwenden]
　Gegen die Wiederinbetriebnahme der Atomkraftwerke haben die Bewohner einen starken Einwand erhoben.
　原子力発電所の再開に対して，住民は強い非難の声を上げた。

**Bericht erstatten**　報告する [berichten]
　Der Sekretär hat dem Minister über den Vorfall ausführlich Bericht erstattet.
　秘書は大臣にその出来事について詳細に報告した。

**j³ Vollmacht / einen Befehl erteilen**　人³に全権を委任する・命令する
　Bevor man ihm eine Vollmacht erteilt, sollte man sich Klarheit über die Lage verschaffen.
　彼に全権を委任する前に事態を把握すべきなのだ。

**Einigung erzielen**　一致を得る [sich einigen]
Nach einer intensiven Verhandlung konnten die beiden Parteien Einigung erzielen.
集中的な交渉の結果，両党は意見の一致を見た。

**einen Entschluss fassen**　決心する [sich entschließen]
Nach langer Überlegung habe ich den Entschluss gefasst, mich in Zukunft nur noch der Forschung zu widmen.
熟考の末，これからは研究のみに専念する決断をした。

**eine Entscheidung treffen**　決定を下す [sich entscheiden]（Entscheidung は２つのうちの１つを選ぶ場合）
Auch die Entscheidung, keine Entscheidung zu treffen, ist eine Entscheidung und hat Konsequenzen.
決定しないという決定も決定であり，結果をともなう。

**Anerkennung / Unterstützung genießen**　尊敬を集める・支援を受ける
Dank dieses Erfolges genoss er in dem Land große Anerkennung.
この成功のおかげで，彼はその国で大きな尊敬を集めた。

**et⁴ in Kauf nehmen**　我慢する
Auf dem Lande lebe ich ja ganz herrlich. Man muss zwar einiges in Kauf nehmen, aber das macht nichts.
田舎暮らしはすばらしいよ。たしかにちょっとしたことは我慢しなければならないけど，全然気にならないね。

**et⁴ in Dienst stellen**　使い始める，（船を）就役させる
Gestern wurde ein neues Fahrzeug in Dienst gestellt.
きのう新しい乗り物が使われるようになった。

**et⁴ unter Beobachtung stellen**　監視する
Die Behörde hat angeordnet, diese Person unter Beobachtung zu stellen.
当局はこの人物を監視するように命じた。

**j³/et³ Genüge tun**　人を満足させる
Vorher war das Team gar nicht in der Lage, den Forderungen der Vorgesetzten Genüge zu tun.

以前，チームは幹部の要求に応えられるレベルにはなかった。

**Schritte gegen et⁴ unternehmen**　処置を講じる (einleiten も使います)
　Der Präsident hat die Länder dazu aufgerufen, wirksame Schritte gegen den Terrorismus zu unternehmen.
　テロリズムに対して有効な処置を講ずるよう，大統領は各国に呼びかけた。

**seine Aufgaben verrichten**　義務を果たす
　Die Angeklagten sagten, sie hätten nur ihre Aufgaben verrichtet und hätten keine Absicht, die Menschenwürde zu verletzen.
　被告たちは自分たちが義務を果たしただけで，人間の尊厳を傷つけようという意図はなかったと言った。

**sich⁴ einer Operation / Untersuchung unterziehen**　手術・検査を実施する
　Er muss sich im Krankenhaus einer gründlichen Untersuchung unterziehen.
　彼は病院で徹底的な検査を受けないといけない。

**ein Experiment vornehmen**　実験する（vornehmen は計画的，緻密に物事を行うニュアンス）
　Aus diesem Grund habe ich mich entschieden, in diesem Bereich ein kleines Experiment vorzunehmen.
　この理由から，この領域においてちょっとした実験をすることに決めた。

**sich³ Klarheit über et⁴ verschaffen**　～について明らかにする
　Die Beteiligten wollten sich über die Situation Klarheit verschaffen, was zuerst aber erfolglos blieb.
　関係者は状況を明らかにしようとしたが，当初はうまく行かなかった。

**j⁴ in Angst versetzen**　人を不安に陥れる
　Die ökonomische Krise dieses Landes hat die ganze Welt in Angst versetzt.
　この国の経済危機は世界中を不安に陥れた。

**an et³ eine Änderung vornehmen**　変更を加える
　Schon wieder eine Reform? Nein, daran sollte man nicht jedes Jahr Änderungen vornehmen.
　また改革だって？　いや，毎年変更するのはよくないよ。

**et⁴ zu Rate ziehen**　〜を参照する

In diesem Fall solltest du am besten ein etymologisches Wörterbuch zu Rate ziehen.

この場合には語源辞典を参照するのが一番いいでしょう。

**sich³ eine Erkältung zuziehen**　風邪を引く [sich erkälten]

Wegen eines langen Aufenthalts in der Kälte hat er sich eine Erkältung zugezogen.

寒さの中で疲労困憊したことで，彼は風邪を引いてしまった。

**auf Ablehnung stoßen**　拒否される [abgelehnt werden]

Der Präsident machte einen Vorschlag, der aber bei allen Ministern auf Ablehnung gestoßen ist.

大統領は提案を出したが，大臣すべてに拒否された。

**sich⁴ über et⁴ einig sein**　〜について一致している

Die beiden Hochschulen sind sich darüber einig, durch akademischen Austausch einen Beitrag zur Völkerverständigung zu leisten.

双方の大学は，学術交流を通して国際理解に貢献することで意見の一致を見ている。

## 準1級熟語集　　比喩的なおもしろい表現編

比喩を用いたおもしろい表現のいくつかをご紹介します。ドイツ語話者のユーモアを感じ取れるかも。折を見て，辞書などを読み込むと，おもしろい表現がありますよ。

**in den sauren Apfel beißen müssen**　不愉快なことをしないといけない
　Ausgerechnet heute am Feiertag muss ich arbeiten! Ein Kollege ist krank und da muss ich in den sauren Apfel beißen und seine Arbeit übernehmen.
　よりによって今日，休日に働かないといけないなんて！　同僚が病気になって，我慢して彼の仕事をしないといけないんだ。

**j³ in den April schicken**　人をかつぐ
　Habt ihr ihn wieder mal in den April geschickt? Ihr seid ja frech!
　また彼をかついだのかい？　ひどいねえ！

**am Ball bleiben**　がんばる
　Um dein Ziel umzusetzen, in Deutschland zu studieren, bleib am Ball und lern weiter Deutsch!
　ドイツに留学するという目標を実現するために，がんばってドイツ語の勉強を続けてください。

**im Bilde sein**　事情を知っている
　Weißt du schon etwas von dem Vortrag morgen? — Ja, ich bin schon im Bilde. Hier habe ich eine Broschüre.
　明日の講演のこと何か知っている？　うん，分かっているよ。ここにパンフレットがある。

**j³ die Daumen drücken**　人の成功を祈る
　Habt ihr morgen eine Prüfung? Da drücke ich euch die Daumen!
　明日試験だって？　成功を祈っているよ！

**guter Dinge sein**　嬉しい，楽観的である
　Du bist ja guter Dinge! Was ist denn los? — Ich konnte endlich meine Doktorarbeit abgeben!
　ずいぶん嬉しそうだね。どうしたの。　ようやく博士論文を提出できたんだ！

**im Dunkeln tappen**　事情が分からない
Als das Erdbeben kam, konnte ich meine Eltern nicht erreichen und musste im Dunklen tappen.
地震が来たとき，両親とは連絡が取れず，どうなっているか事情が分からなかった。

**in seinem Element sein**　水を得た魚だ
Wenn er am Fluss ist und angelt, ist er in seinem Element.
川で釣りをしていれば，彼は水を得た魚だ。

**Farbe bekennen**　立場を明らかにする
Jetzt musst du unbedingt Farbe bekennen, sonst verlierst du von beiden Seiten das Vertrauen.
今，絶対に立場を明らかにしないといけない。そうしないと双方から信頼をなくすよ。

**Feuer und Flamme sein**　やる気満々である
Hast du keine Lust mitzumachen? Aber Inge macht mit. Na, bist du jetzt Feuer und Flamme?
一緒にやる気はないって？　でもインゲはやるよ。さあ，やる気満々かい？

**(gut) in Form sein**　いい状態にある
Haben Sie gut trainiert? Dann sind Sie ja wohl gut in Form!
しっかりトレーニングをしたかい？　それならばいい状態なんだよね！

**et[1] ist gang und gäbe**　一般的である
Am Sonntag gehen wir essen. Das ist bei uns gang und gäbe.
日曜は外食するんだ。それが我が家の習慣なんだ。

**ein alter Hase sein**　熟知している
Für diese Arbeit ist Thomas richtig am Platze. Er ist ein alter Hase und kennt sich aus.
この仕事ならトーマスが適任だね。彼ならなんでも分かっている。

**auf der Hut sein**　気をつける（die Hut: 庇護，注意）
Du fährst ja zum ersten Mal auf Schnee. Sei bitte auf der Hut!
初めて雪道を運転するんでしょ。気をつけてね。

## 比喩的なおもしろい表現編

**wissen, wo j³ der Schuh drückt** 人の心配ごとが何か知っている
Was ist mit ihr los? — Ich weiß, wo ihr der Schuh drückt. Ihr Sohn hat die Prüfung nicht bestanden.
彼女、どうしたの？　心配事はわかっているよ。息子さんが試験に合格しなかったんだ。

**et⁴ aufs Spiel setzen**　～を賭ける
Mit diesem schwierigen Wettkampf will ich aber mein Leben nicht aufs Spiel setzen!
この難しい戦いに人生を賭けるつもりはないよ。

**aus dem Stegreif**　その場で，即興で
Die Schüler haben aus dem Stegreif ein sehr amüsantes Abendprogramm gestaltet.
生徒たちは即興でとても楽しい夕べのプログラムを作った。

**auf dem Teppich bleiben**　誇張しない，分をわきまえている
Bleib doch auf dem Teppich! Du bist noch nicht in der Lage, diese Aufgabe zu bewerkstelligen.
分をわきまえろよ。君はまだこの仕事をこなせないよ。

**in der Tinte sitzen**　大変な状況にある，困っている
Bis morgen muss ich die Hausarbeit abgeben, habe aber noch keine einzige Zeile schreiben können. Ich sitze ganz schön in der Tinte.
明日までに課題を提出しないといけないのだけど，1行も書けていない。まったく困っちゃったよ。

**es geht um die Wurst**　決定的なこと・大切なことである
Er muss diese Prüfung unbedingt bestehen. Bei ihm geht es jetzt um die Wurst.
彼は絶対にこの試験に受からないといけない。これが彼にとって決定的なことなのだ。

**im sieb(en)ten Himmel sein**　有頂天である
Bei der Hochzeit fühlte er sich wie im siebenten Himmel.
結婚式での彼は幸せの絶頂だった。

**nur Bahnhof verstehen**　ぜんぜん分からない
Ich verstehe nur Bahnhof, weil sie ja nur Französisch spricht.

155

彼女はフランス語しか話さないので，まったく分からないね。

**leben wie Gott in Frankreich**　贅沢に暮らす
Mit seinem Vermögen kann er leben wie Gott in Frankreich.
自分の財産で，彼は贅沢に暮らすことができる。

**von allen guten Geistern verlassen sein**　分別をなくしている，混乱している
Nach diesem Tor schienen die Spieler von allen guten Geistern verlassen zu sein und verloren so das Spiel.
このゴールの後，選手たちは混乱してしまって，試合に負けてしまった。

**et⁴ für bare Münze nehmen**　～を真に受ける
Nicht alles, was im Internet steht, solltest du für bare Münze nehmen.
インターネットに出ていることすべてを真に受けないほうがいいよ。

**auf j⁴ ist kein Verlass** = sich auf j⁴ nicht verlassen　～は信用ならない
Auf den Politiker ist ja kein Verlass, der redet und redet, tut aber nichts.
あの政治家は信用できないね。しゃべってばかりで何もしない。

**seine Tücken haben**　落とし穴，危険がひそんでいる
Die neueste Maschine hat viele hervorragende Funktionen, sie hat aber auch ihre Tücken, weil man sie nicht selbst reparieren kann, wenn sie Störungen hat.
この最新の機械はいくつもの優れた機能を備えているが，故障時には自分で修理できないという問題点もある。

**et⁴ auf seine (eigene) Kappe nehmen**　責任を負う
Gibt es Probleme, dann werde ich sie auf meine Kappe nehmen.
問題が起きたときは，私が責任を負うつもりです。

**et⁴ auf einen gemeinsamen Nenner bringen**　共通点を見出す，(意見などが合うように)調整する
Es war zwar gar nicht leicht, die verschiedenen Meinungen auf einen gemeinsamen Nenner zu bringen. Doch ihm ist das gelungen.
さまざまな意見を調整するのは簡単ではなかったが，彼はそれに成功した。

**j⁴ ins Bild setzen**　教える，情報を与える

Der Präsident ließ sich sofort ins Bild setzen und gab nötige Anweisungen.
社長はすぐに情報を集めて，必要な指示を出した。

**sich³ für et⁴ Zeit nehmen**　～に（ていねいに）時間を取る，かける

Ich danke Ihnen herzlich, da Sie sich freundlicherweise dafür Zeit genommen haben, uns die Lage zu erklären.
お時間を取って状況を説明してくださり，心よりお礼を申し上げます。

**gut reden / lachen haben**　無責任に勝手なことを言う

Du hast gut reden! Du kennst sie da nicht, weißt nicht, wie schwer es ist, mit ihr umzugehen.
適当なことを言うなよ。彼女を知らないし，つきあうのがどんなに大変か知らないだろ。

**die Rechnung geht auf**　計算が合う，事が予想通りに運ぶ

Die Rechnung ging auf. Das Team hat den Wettbewerb gewonnen.
事はうまく行き，チームは競争に勝った。

**eine harte Nuss sein**　難題だ

Es war eine harte Nuss, diese Mathematik-Aufgaben in 5 Minuten zu lösen!
この数学の問題を5分で解くのは大変だったよ！

## 準1級熟語集　　体の部位を使った熟語編

こちらも無限と思えるほどたくさんの表現があります。きっかけとしていくつかをご紹介します。

j⁴ in den **Arm** nehmen　人をコケにする
Passt auf ihn auf! Er nimmt oft Leute in den Arm.
彼には気をつけて！　よく人をコケにするから。

et⁴ im **Auge** behalten　注意する，気をつける
Kannst du bitte deine kleine Schwester im Auge behalten? Ich komme gleich zurück.
妹のこと，気をつけていてくれる？　すぐに戻るから。

ein **Auge** zudrücken　目をつぶる
Langsam ist meine Geduld zu Ende! Ich kann nur kein Auge mehr zudrücken.
忍耐もそろそろ限界だ。もう目をつぶってはいられない。

wieder auf die **Beine** kommen　また元気になる，再び成功する
Er war lange im Krankenhaus, aber er wird sehr bald wieder auf die Beine kommen.
ずっと入院していたけど，彼もじきに元気になるよ。

auf eigene **Faust**　自力で，自分の責任で
Wollen Sie das machen, dann bitte auf eigene Faust! Wir können dafür keine Verantwortung tragen.
したいのであれば，自分の責任でどうぞ！　責任は持てません。

j³ auf die **Finger** sehen　人を管理する，監視する
Es ist ganz scheußlich, wie er der neuen Mitarbeiterin ständig auf die Finger sieht!
彼が新しい女性職員をいつも監視しているそのやり方は，とっても不快だ！

**Fuß** fassen　足場を築く，定着する
Mit ihrem Talent konnte sie im Modegeschäft Fuß fassen.
自分の才能でもって彼女はファッション業界に足場を切り開いた。

## 体の部位を使った熟語編

j³ **Hals- und Beinbruch** wünschen　幸運・成功を祈る
Du hast morgen die Dokken-Prüfung? Dann wünsche ich dir Hals- und Beinbruch!
明日は独検の試験だって？　成功を祈っているよ！

j³ an die / zur **Hand** gehen　助ける
Dein Vorhaben finde ich o.k. Wenn nötig, gehe ich dir zur Hand.
君の計画はいいと思うよ。必要ならば助けてあげよう。

**Hand** und **Fuß** haben　よく考えられている
Dieses Buch erklärt sehr eingehend das Passivhaus. Die Erklärung hat ja Hand und Fuß.
この本はパッシブハウスについて詳しく説明している。説明はよくできているよ。

et¹ liegt j³ am **Herzen**　人にとって〜が重要だ
Dem Künstler lag mehr seine Kunst am Herzen als die Ehe.
その芸術家にとっては，結婚生活よりも自分の芸術が重要だった。

sich³ et⁴ zu **Herzen** nehmen　（助言などを）心にとめる
Mein Opa hat sich den Rat des Arztes zu Herzen genommen und passt nun auf seine Gesundheit auf.
じいちゃんは医者の助言を聞いて，今は健康に注意しているよ。

den **Kopf** hängen lassen　悲しむ，元気がない
Komm, lass den Kopf nicht hängen! Du bist noch jung und hast noch Chancen.
さあ，元気を出して！　まだ若いからチャンスはあるよ。

mit dem **Kopf** durch die Wand (rennen) wollen　我を通そうとする
Ich würde dir abraten, mit dem Kopf durch die Wand zu wollen. Es wäre Unsinn.
我を通そうとしないように勧めるよ。ナンセンスだ。

den **Mund** halten　口をつぐむ，黙る
Du redest ja dauernd! Halt mal den Mund!
ずっとしゃべりっぱなしだね。もう黙って！

j³ nach dem **Munde** reden　人の気に入るように（まねして）話す
Da er immer so einem nach dem Munde redet, geht er mir auf die Nerven.

159

彼はいつも人の気に入るようにばかり話すので，私の気に触る。

seine **Nase** in alles stecken　関係ないことにも首を突っ込む
Die alte Dame steckt ja in alles ihre Nase. Unglaublich!
あのおばさんは何にでも首を突っ込むね。信じられないよ。

eine gute **Nase** für et⁴ haben　～に対していい勘を持っている
Die Polizisten hatten eine gute Nase und erwischten die Täter noch am Abend.
警官たちはいい勘を持っていて，犯人たちを夜までに捕まえた。

j³ auf die **Nerven** gehen　気に触る
Der Student, der oben wohnt, macht ständig Lärm. Das geht uns auf die Nerven!
上に住んでいる学生はいつもうるさいんだ。気に触るよ！

die **Nerven** verlieren　余裕・忍耐をなくす
Wie Sie wissen, sind die Aufgaben sehr schwierig. Da gilt es, nicht die Nerven zu verlieren.
ご存じのように課題はとても難しいものです。大切なのは余裕をなくさないことです。

ganz **Ohr** sein　注意して聴く，聞き耳頭巾だ
Ach, weißt du, was ich gestern erlebt habe? Das war schrecklich! — Oh, erzähl nur weiter! Da bin ich ganz Ohr!
ねえ，きのう私が体験したこと，知っている？　それはひどかったの！　まあ，話してちょうだい，興味津々よ。

auf den **Ohren** sitzen　聞く耳を持たない
Daran hat er kein Interesse, deshalb ist er auf den Ohren gesessen.
そのことに彼は関心がないので，聞く耳を持たなかった。

einen breiten **Rücken** haben　受け止める力がある，そんなに敏感ではない
Du warst zu streng und unerbittlich zu ihm! — Keine Sorge, er hat einen breiten Rücken.
彼に対してあまりに厳しく容赦がなかったよ。　大丈夫，彼は耐性があるから。

die **Zähne** zusammenbeißen　歯を食いしばる，我慢する
Es gilt jetzt, die Zähne zusammenzubeißen. Bald können wir wieder an die Spitze

kommen.
今は我慢することが大切だ。じきにまた一番になれる。

eine spitze **Zunge** haben　口が悪い
Sie hat in letzter Zeit eine ganz spitze Zunge und macht negative Bemerkungen über dies und jenes.
彼女は最近口が悪くて，あれこれと否定的なコメントをする。

≪参考・解答用紙≫

**準1級** ドイツ語技能検定試験 **筆記試験** 解答用紙

準1級

ドイツ語技能検定試験

**聞き取り試験** 解答用紙

| 受験番号 | 氏　名 |
|---|---|
| 1 0 H □ □ □ | |

手書き数字見本
0 1 2 3 4 5 6 7 8 9

【第1部】

(A) □　(B) □　(C) □　(D) □

【第2部】

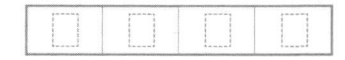

□ □ □ □

## 出典一覧

| | |
|---|---|
| S.27 | Heinz Neumann: Gekonnt gekredezent. 2. Auflage. Verlag Die Wirtschaft. 1990. S.9 |
| S.29 | 96年度独検2級より |
| S.30 | 97年度独検2級より |
| S.34 | 99 Texte zum Übersetzen. Ausgewählt und erläutert von Günther Haensch und Christel Krauß. 2. Auflage. Max Hueber Verlag. 1983. S.49-50 |
| S.39 | Tatsachen über Deutschland: Societäts-Verlag. 1992. S.75 |
| S.41 | Tipp: Redaktion JUMA. 4 / 1997. S.12 |
| S.45 | Frankfurter Rundschau: 15. 5. 1997 (Nr. 111 / 20). S.1 |
| S.48 | Focus: Nr. 6 / 2002. S.124 |
| S.49 | PZ. Nr. 98. Juni 1999. Hrsg. von der Bundeszentrale für politische Bildung. S.22 (Teilweise gekürzt) |
| S.50 | Die Zeit: 3. 5. 1996 (Nr. 19). S.3 |
| S.51 | Johannes Gründel: Märchen als Lebenshilfe. |
| S.51 | Schau ins Land: Februar 1996 (Nr. 8). S.8 |
| S.52 | Schau ins Land: Februar 1996 (Nr. 8). S.10 |
| S.54 | Bruno Bettelheim: Kinder brauchen Märchen. Aus dem Amerikanischen übersetzt von Liselotte Mickel und Brigitte Weitbrecht. Deutsche Verlags-Anstalt. 1977. S.12 |
| S.55 | Focus: Nr. 22 / 1996. S.11 |
| S.57 | Der Spiegel: Nr. 20 / 1996. S.186 |
| S.59 | Brauhaus Schacht 4/8 (Hrsg.): Speisen- und Getränkekarte Brauhaus Schacht 4/8. 1996. |
| S.61 | Der Spiegel: Nr. 27 / 1997. S.165 |
| S.64 | Jelena Hahl-Koch (Hrsg.): Der Briefwechsel zwischen Wassily Kandinsky und Arnold Schönberg. Verlag Gerd Hatje. 1993. S.24 ©VBK, Wien & SPDA, Tokyo, 1998 |
| S.72 | Karl-Heinrich Bieritz: Das Kirchenjahr. Feste, Gedenk- und Feiertage in Geschichte und Gegenwart. S.23 © 1994 Verlag C.H. Beck, München |
| S.75 | G. Wossidlo und H.-G. Krauth: Polyglott-Reiseführer. Tokyo. Polyglott-Verlag, München 1997. S. 7 |
| | Focus: Nr. 1 / 1998. S.13 |
| S.76 | 11年度独検準1級より |
| S.77 | 10年度独検準1級より |
| S.79 | 09年度独検準1級より |
| S.83 | Bernhard Schlink: Der Vorleser. S.5-7 ©1995 Diogenes Verlag AG, Zürich |
| S.86 | Linda Tutmann, Interview: Türkisch für Anfänger. Aus: FOCUS-SCHULE Online vom 15.03.2012. http://www.focus.de/schule/familie/interview-tuerkisch-fuer-anfaenger-frueher-durfte-ich-hoechstens-gangster-spielen_aid_723518.html |
| S.102 | Das Goethezeitportal. http://www.goethezeitportal.de/wissen/projektepool/goethe-italien/italien-einleitung.html |
| S.104 | Langenscheidts Sprach-Illustrierte: Heft 2. 1998. S.47 |
| S.105 | Focus: Nr. 3 / 2004. S.114 |
| S.107 | Langenscheidts Sprach-Illustrierte: Heft 3. 1997. S.83 |
| S.120 | Focus: Nr. 51 / 1997. S.94 |
| S.122 | Sandra Zistl, Interview mit Schauspieler Daniel Radcliffe. Aus: FOCUS Online vom 27.03.2012. http://www.focus.de/kultur/kino_tv/tid-25288/interview-mit-daniel-radcliffe-als-james-bond-wuerde-man-mich-auslachen-ich-fuehle-mich-nicht-wirklich-reifer_aid_724822.html |
| S.127 | Robert Spaemann: Philosophische Grundbegriffe. S.11-13 © 1983 Verlag C.H. Beck, München |
| S.129 | © Statistisches Bundesamt, Wiesbaden. Auszug aus Schulen auf einem Blick 2012 |
| S.130 | Focus: Nr. 5 / 2004. S.36-37 |
| S.132 | Jugend heute in Deutschland. erarbeitet vonVolker Thomas. 1993. Inter Nationes Bonn. S51-52 |
| S.143 | Langenscheidts Sprach-Illustrierte: Heft 3. 1997. S.94 |
| S.145 | Focus: Nr. 4 / 1998. S.118-119 |

● 音声ダウンロード・ストリーミング

本書の付属 CD と同内容の音声がダウンロードならびにストリーミング再生でご利用いただけます。PC・スマートフォンで本書の音声ページにアクセスしてください。

https://www.sanshusha.co.jp/np/onsei/isbn/9784384057119/

CD 付
**独検 準1級 合格講座**
上級 ドイツ語へのステップ・アップ

2012年10月30日　第1刷発行
2024年10月30日　第3刷発行

編 著 者——獨協大学独検対策講座
　　　　　　矢羽々崇　山路朝彦　山本　淳　渡部重美

発 行 者——前田俊秀

発 行 所——株式会社　三修社
　　　　　　〒150-0001　東京都渋谷区神宮前2-2-22
　　　　　　TEL 03-3405-4511
　　　　　　FAX 03-3405-4522
　　　　　　振替 00190-9-72758
　　　　　　https://www.sanshusha.co.jp
　　　　　　編集担当　菊池　暁

印刷製本　倉敷印刷株式会社
CD 製作　　株式会社メディアスタイリスト

カバーデザイン　　銀月堂
本文イラスト　　宮澤ナツ

© 2012 Printed in Japan
ISBN978-4-384-05711-9 C1084

JCOPY〈出版者著作権管理機構 委託出版物〉

本書の無断複製は著作権法上での例外を除き禁じられています。複製される場合は，そのつど事前に，出版者著作権管理機構（電話 03-5244-5088 FAX 03-5244-5089 e-mail: info@jcopy.or.jp）の許諾を得てください。

本書には，エイチツーソフト製「マスタークリップ」のクリップアートを使用しています。

本書は『新独検2級合格講座』を独検の級名称とレベル変更に伴い，改訂・改題したものです。